La escuela perdida

La escuela perdida

Eva Aguado, Mercedes Benito,
Manuel Chica, Carlos Díez,
Sacri García-Rayo, Juan Jesús Guerrero,
María José López, Victoria Martínez
y Toni Ruiz

GARAJE

© Eva Aguado, Mercedes Benito,
Manuel Chica, Carlos Díez,
Sacri García-Rayo, Juan Jesús Guerrero,
María José López, Victoria Martínez
y Toni Ruiz & El Garaje Ediciones

Primera edición: septiembre de 2024
Foto portada cedida por: Clara Gil Martín
Fotos interiores cedidas por los autores
Diseño de portada y maquetación: Josu Gastón

El Garaje Ediciones, S.L.
C/ Cacereños 54, local 4 28021 Madrid
www.elgarajeediciones.com
Tfnos.: 91 798 69 11 • 600 241 668

ISBN: 978-84-129036-2-1
Depósito Legal: M-22827-2024
Imprime: SAFEKAT
Impreso en España

"No tener maestro es no tener ante quién preguntarse. Sin preguntas y sin maestro estamos perdidos, porque preguntar es la expresión misma de la libertad."

María Zambrano

"Contra la cultura de la represión (...) debemos ofrecer como instrumento el medio teatral, que permita comprender el mundo en que vivimos, para llegar al convencimiento de que es posible cambiarlo."

Franco Passatore

Índice

PRÓLOGO

Dejemos hablar al tiempo.

Estamos ante un documento escrito que se convierte en sí mismo en una muestra de infinitos testimonios orales. Para ello un grupo divergente de voces se han repartido la tarea de mostrarnos un buen número de vestigios de vida.

Los personajes nos hablan en primera persona, lo que hace que el relato nos llegue de primera mano. Son mujeres y hombres con nombres y apellidos. Con identidad propia. Y van una a uno hilvanando las historias, saltan de escena a escena y es al final cuando va siendo consciente el lector, notando el espectador que alguno de los personajes se sale de su casilla y pasa a pertenecer a la intimidad del relato contado en otro de los apartados, configurando así una mirada poliédrica de la España de los años treinta.

El foco se pone en la educación en la II República española, sirve esta de centro neurálgico de cada historia que aquí se nos cuenta para describir la vida cotidiana en estos tiempos de riqueza educativa y de transformación social.

Debemos partir, para entender mejor estas historias y su trascendencia, del hecho de no olvidar que el siglo XX nace con una sociedad con dos tercios de analfabetismo, con un número de escuelas públicas insuficientes. Era una educación encaminada a opciones privadas que estaban en manos de las órdenes religiosas. Y para la República no puede existir una transformación social que no parta de un cambio educativo. Vendrá incluso recogido en la Constitución española de 1931.

Los docentes logran en esta época una dignificación de su profesión, siguiendo para ello los ideales marcados por la Institución Libre de Enseñanza, que había nacido ya en 1876, sostenida por un grupo de profesores que propugnaban la libertad de cátedra y que se negaron a ajustar sus enseñanzas a los dogmas oficiales en materia religiosa, moral o política.

Es un libro bien estructurado, muy bien escrito, que ofrece un perfecto desarrollo de lo que fue la escuela en tiempos de la República. El trazo de la escritura está muy cohesionado ya que ofrece una polifonía de voces que lo narran, distintos autores y autoras serán los encargados al mismo tiempo de reencarnar a sus personajes en escena. Son así creadores de unas situaciones de vida reales, crean recorridos de conocimiento que son capaces de ofrecernos toda la fructífera historia de la educación que se vivió en la Segunda República.

En cada capítulo descubrimos una mirada sobre la mujer que nos habla de mujeres fuertes, de mujeres que han alcanzado un gran protagonismo y atisban ya su lugar en la historia. Hay ejemplos que marcan esta evidencia como la importancia de la escucha, que se pone de manifiesto en el talante de la maestra que escucha, que observa y a través de su forma de mirar va planteando una enseñanza que amplía su propio aprendizaje.

La palabra maestro, maestra, es utilizada con toda la plenitud de significado, resuena el significante en la boca de los personajes hasta cobrar en su sonido toda la grandeza que encierra la palabra misma. Y es en esa sonoridad rotunda donde resuena el nombre del cuerpo perseguido, maltratado, denostado, depurado. En un intento de aniquilamiento de la historia.

Y para que no olvidemos cómo fue la historia debemos recordar que será a través de los patronatos cuando se crean los centros denominados escuelas de ensayo y reforma en los años 20, con cuatro grupos escolares a la cabeza, que son el Grupo Escolar Cervantes, Grupo Escolar Príncipe de Asturias, Grupo Escolar Alfonso XIII y el Grupo Pau Vila. Marcados todos ellos por situar en el proceso de aprendizaje a la infancia, en considerar a las familias como parte integrante de dicho proceso, potenciar la vida en la naturaleza y una atmósfera estética y acogedora.

A pesar de la reivindicación constante de todo este profesorado, no será hasta que llegue la República cuando se logre derribar los muros de las aulas que separaban a niñas y niños y la coeducación impregne desde ese momento el ambiente educador. Un modelo basado en la pregunta, ya para siempre. Nace así una escuela laboratorio para la formación pedagógica.

A partir de la siguiente fórmula de inicio: «Me llamo, mi nombre es...» cada capítulo presenta a los personajes que son muestra viva de cómo se vivía, de las rutinas, de cómo se configuraba el día a día, de lo que supuso el cine en la vida de estas gentes, en el crecimiento de la sociedad. Aparecen palabras en desuso que como objetos desgastados nos devuelven a la infancia, al olor de las cocinas de nuestras abuelas, al calor del brasero, a rumor perdido de los relatos y los cuentos bajo las faldas camilla. Para trascender el acto íntimo del hogar y mostrarnos la grandeza de una educación que se fue fraguando durante todos los años que duró la República.

El libro se divide en tres secciones o capítulos mayores que llevan por nombre: El deseo, la guerra y la pérdida.

«El deseo». Se fragua el deseo de enseñar y aprender. Las ansias de conocimiento. De otros conocimientos. Su punto de partida es el niño que aprende, del conocimiento que todos te pueden ofrecer: la tendera desde su pasión por el cine, la maestra que monta un coro, donde la música se convierte en unificadora de voluntades. Los modos de aprendizaje insospechados que traen las Misiones Pedagógicas. La manifestación insondable de la preocupación por la enseñanza de las personas adultas. La importancia del teatro en la transmisión de conocimiento, como arte total. Se vislumbran métodos de aprendizaje como el Freinet gracias a la importancia de la imprenta como proceso educativo.

En cada escena se van desvelando los principios de esa escuela que bosquejó la República y que sigue fidedignamente los postulados de la Escuela Nueva.

Todos los personajes de esta sección crean anhelos de futuro que serán a ojos del lector proyectos truncados, inconclusos, sesgados por una guerra que titila en un horizonte cercano del que los personajes no son aún capaces ni de poder imaginar.

«La guerra». La fecha que da comienzo a esta sección es muestra ya de la realidad que encierra. Es relevante la importancia que se le da a los Grupos escolares y cómo posteriormente son reutilizados como albergues infantiles en tiempos de guerra. Y la evacuación a las colonias de educación, modelo que pretendía suplir la educación en familia fuera del Madrid sitiado. Maneras de sortear la muerte en tiempos de guerra. Hasta llegar a transformar sus aulas en cuarteles. Las escuelas se van cerrando, riadas de niños y niñas son evacuados a Levante, huyendo de la guerra.

Se cuentan vidas de todas las edades, de varias profesiones, aunque el foco esté siempre en el magisterio y en los avances tremendos que tuvo en este período. Se cuenta cómo se alcanza la coeducación y la experiencia de modelos aprehendidos en metodologías extranjeras, gracias al enorme proyecto de investigación que trajo la Junta para la Ampliación de Estudios, becando al profesorado con viajes de investigación a diferentes países.

La grandeza de lo lejano inunda lo cotidiano para engrandecer el recinto pequeño y doméstico de las aulas y ofrecer así otros mundos de infinitos saberes.

Esta sección encierra en sí la poética de la crudeza, de la pérdida y del saber reconstruirse que tiene el género humano: a veces manteniéndose firmes en sus convicciones, otras dando un cambio radical hacia políticas de supervivencia y traición.

Y como una letanía que quema la garganta y arde en el alma, las escuelas se convierten en la mejor trinchera. Lugar de combate contra la sinrazón. Y es en las verdaderas trincheras donde se combate también a través de la cultura y su dignidad y es la *Cartilla escolar antifascista* la que ayuda a contar y leer con lenguaje bélico para desarmar a los soldados y en sus brazos poder apuntar y enfocar un horizonte inmenso que no llegaría. Se abren trincheras y se cierran escuelas.

«La pérdida». Las bombas han minado las calles, destruido las escuelas, dinamitado el proyecto educativo y con ello la vida. Empieza el exilio, las despedidas, las cartas son muestra de lo que ya no se podrá compartir ni decir.

El magisterio se depura, los hombres van al frente, hombres y mujeres cambian de oficio sin olvidar nunca el oficio elegido. Los personajes vayan donde vayan seguirán intentando ser maestros desde el lugar recóndito donde se hallen, la mesa en la casa, la escuela en el exilio. Países que cobijaron a nuestras maestras y maestros que en una huida rápida por salvar sus vidas tuvieron que reinventarse y nacer de nuevo como personas adultas, sin infancia, sin juegos.

Algunos fueron exiliados, otros encarcelados, la mayoría depurados. Tuvieron que comulgar con una religión que no les respetaba, con una ciudadanía que ya los había sentenciado sin juicio previo. Despojados de sus bienes, privados de sus cosas, hurtados de sus libros que fueron quemados simbólicamente como esos libros de don Quijote, dañinos y perjudiciales, que engrandecían la lengua castellana allende los mares que tendrían que surcar.

La obra empieza con el niño y finaliza con el maestro, esa espiral que le da sentido a su trabajo, se tocan los extremos opuestos como metáfora de lo que es la educación: enseñanza desde el aprendizaje. Es el mismo personaje que abre y cierra la obra, el niño Víctor que tiene toda la vida por delante para llenar su ansia de conocimiento y el que nos habla en el último capítulo es el Víctor que ya ha fallecido, conocedor ya de su futuro, también de la fecha de su muerte.

En el hoy del lector actual vemos con inquietud cómo pudo ser esa escuela que no fue, que ya no es y somos conscientes de esa pérdida. Lo que siente el lector es el infinito abismo que separa lo que fue de lo que no llegará a ser.

Ana Llorente y José Luis Gordo.
Fundación Ángel Llorca

INTRODUCCIÓN

En octubre de 2021, un grupo de personas comprometidas con la educación, la memoria histórica o el teatro, nos planteamos un interrogante ucrónico: ¿cómo hubiéramos afrontado el inicio del curso escolar en el Madrid de septiembre de 1936?

Fue esta pregunta la que nos convocó y nos llevó a iniciar un proceso de investigación y creación colectiva. Cada integrante del grupo se comprometió a crear un personaje conjugando la libertad en su definición con el rigor historiográfico en la construcción del contexto espacial y temporal en el que transcurre la obra.

Estos personajes que lentamente iban creciendo desde el pensamiento, las experiencias y las emociones individuales, se irían conociendo jueves a jueves en las sesiones semanales de trabajo colectivo, tejiendo con sus interacciones la urdimbre del texto dramático que presentamos en este libro.

La elección de este camino desde lo individual a lo colectivo es una de las claves de *La escuela perdida*. Los ocho personajes de la obra, Víctor, Paquita, Celia, Amalia, Adelina, Ramón, Lucía y Manuel, serán los narradores que relatarán al público en sucesivas escenas sus deseos, su devenir en la guerra y sus últimos destinos. La diversidad y pluralidad de voces, procedencias, profesiones, ideologías y caracteres es sin duda una de las señas de identidad de nuestro proyecto.

Muy pronto el grupo comprendió que necesitaba dirección para llevar a buen puerto su apuesta e incorporó al proyecto a Toni Ruiz, director profesional que supo entender su tarea poniéndose a disposición del colectivo aportando su experiencia y conocimientos para llevar al escenario los textos que se compartían y debatían en las sesiones semanales. Así, a lo largo de dos años de trabajo, los textos fueron madurando hasta transformarse en las diecinueve escenas que componen *La escuela perdida*.

La pluralidad e individualidad de los personajes no están reñidas con una intencionalidad global del proyecto. *La escuela perdida* huye del maniqueísmo, sí, pero no es una obra neutral. Las autoras y autores del texto que presentamos en este libro hemos querido rendir homenaje al emancipador proyecto educativo de la Segunda República, a las personas que lo hicieron posible (especialmente a las maestras y maestros) y al pueblo de Madrid. Un pueblo que vivió con ilusión esta eclosión de cultura, alegría y libertad violentamente truncada por un golpe de estado que provocó una guerra, cuyas trágicas consecuencias sufrió en grado extremo.

En la estructura narrativa de *La escuela perdida* hay

una clara pretensión de diferenciar el tiempo histórico de la República en paz de los subsiguientes períodos de guerra y postguerra. En la historiografía sobre la Segunda República es frecuente asistir a una permanente asociación de aquel régimen instituido en 1931 con la Guerra Civil Española de 1936-39. Este enfoque historiográfico, comprensible por la inmediatez de ambos períodos y por la incuestionable interrelación entre ambos, ha extendido en la opinión pública un prejuicio que dificulta la correcta valoración histórica de la Segunda República como un régimen legítimo, democrático y pacifista.

Este error resulta especialmente doloroso cuando afecta al tratamiento histórico de la escuela republicana. El colosal esfuerzo institucional y económico del estado republicano, sin parangón en la historia española y europea del siglo XX, el compromiso y el trabajo de miles de docentes y, en definitiva, la ilusión de todo un pueblo que ansiaba acceder al conocimiento y a la cultura en su más amplia concepción, quedan eclipsados al reducirse a un mero preámbulo de una guerra que se presenta como inevitable cuando no lo fue.

¿A qué educación rinde homenaje *La escuela perdida*? La respuesta es sencilla: a la educación promulgada en el artículo 48 de la Constitución Española de 1931, a la educación practicada en los dieciocho grupos escolares construidos para paliar la carencia de puestos escolares en Madrid. Una educación estatal, unificada, gratuita y obligatoria, impartida por funcionarios públicos con libertad de cátedra, sin discriminaciones económicas de acceso y basada metodológicamente en el trabajo. Una educación inspirada en la solidaridad humana. Una educación laica, que acotaba las enseñanzas religiosas al ámbito de sus establecimientos, fuera de las aulas. Una educación que en 1936 también iba a implantar definitivamente la coeducación en sus aulas. Y una educación que practicaba el arte y la extensión de la cultura a todo el pueblo

El arte y la cultura popular también están presentes en el texto de *La escuela perdida*. El teatro, con un homenaje a la obra *Nuestra Natacha,* el cine con la introducción del cinematógrafo en la escuela y de modo especial la música, eje de un proyecto escolar fundamental en el argumento de la obra.

Pero la acción cultural de la Segunda República irradió más allá de los grupos escolares: las Misiones Pedagógicas también tienen cabida en *La escuela perdida* como una de las más genuinas expresiones de su propósito emancipador.

La escuela perdida no es un ensayo ni un texto académico, pero sí quiere contribuir modestamente a la puesta en valor y a la recuperación de la memoria de un proyecto educativo que se había materializado en una ilusionante realidad de la que disfrutaban diariamente miles de niñas y niños en la ciudad de Madrid, niños como Víctor que no habían conocido antes la escuela.

La cálida acogida de la obra en sus diez primeras funciones ha tenido mucho que ver en nuestra decisión de publicar *La escuela perdida*: sin esta gratificante respuesta del público es posible que no hubiéramos dado este paso. El trabajo de Fanny Condado como ayudante de dirección y el de Clara Gil como iluminadora, han enriquecido decisivamente la puesta en escena del texto que presentamos. Agradecemos también a la Sala Tarambana su acogida y la continuidad de su apoyo para mantener en cartel *La escuela perdida*.

Para la edición del libro hemos optado por respetar escrupulosamente el texto representado en escena. Agradecemos a los compañeros de Ediciones El Garaje su apuesta por este proyecto.

La escuela perdida es el resultado final de un proceso en el que se han conjugado el afecto, los deseos, el aprendizaje, la investigación histórica y la reflexión colectiva sobre la memoria. Hoy, transcurridos más de noventa años desde la inauguración de aquellos dieciocho grupos escolares evocados permanentemente en el texto, los valores que fundamentaron el proyecto educativo republicano siguen vivos gracias a las y los docentes que, creyendo en su vigencia, los practican diariamente en las aulas de nuestras escuelas.

Las autoras y autores de este texto, intérpretes en su puesta en escena, esperamos que su lectura estimule el interés de saber más sobre la escuela republicana. Una escuela perdida cuya recuperación hoy es muy necesaria.

LA ESCUELA PERDIDA

Una obra creada por las compañías
"Solo es nuestro deseo" y "La pera del olmo"

PERSONAJES

Víctor: niño
Paquita: tendera
Celia: maestra
Adelina: maestra
Ramón: maestro e inspector
Amalia: maestra
Manuel: empleado municipal
Lucía: periodista

Estos personajes han sido creados a partir de retazos de la vida de personas reales y que merecen ser recordadas.

Todos los datos que aparecen en la obra están documentados y los hechos que se relatan en la misma están tratados con rigor histórico.

EL DESEO

El niño

Me llamo Víctor Giménez, nací en 1923, hace un siglo, y aunque sólo tenía siete años, conservo un claro recuerdo del día en que se proclamó la República. Pronto me di cuenta de que era un acontecimiento fuera de lo normal por la gran alegría de mis padres. Se asearon, se pusieron la ropa de los domingos y a mi hermano mayor y a mí nos dejaron con mi abuela para irse a celebrarlo. Tengo presente la emoción de mi madre cuando volvieron de la Puerta del Sol.

MADRE: ¡Ahora vas a ir a la escuela, vas a aprender lo que tus padres y tu hermano no hemos podido!

Pero la escuela no llegó. Después de aquel día, mi vida siguió igual: ayudar en casa, llevar a mi padre el almuerzo a la huerta y traer a casa en un capazo las verduras para que mi madre hiciera el puchero.

Y la escuela seguía sin llegar. Ya había perdido la esperanza, cuando dos años después, al final del verano, mi madre me anunció que ya tenía plaza. Me la dieron en uno de los dieciocho grupos escolares que se inauguraron aquel año. A esas alturas yo ya no quería ir. Le rogué a mi madre que me dejara quedarme en casa. Por suerte, no me hizo caso.

No olvidaré mi impresión cuando entré por primera vez al edificio. El olor a nuevo, la luz que entraba por las enormes ventanas, las galerías tan amplias y tan limpias. Y todos los días, el mismo ritual: cada maestra esperando al pie de la doble escalinata a los niños de su grado, para llevarnos a las aulas. Allí formábamos un corro y la maestra nos hablaba. También nos escuchaba.

Recuerdo el entusiasmo con el que contaba a mi madre las grandes maravillas de mi escuela.

VÍCTOR: Madre, tienen que venir padre y usted a visitar la escuela, es muy grande, no se pueden ni imaginar las cosas que nos enseñan. *(Van entrando niños y niñas.)*

NIÑA 1: Todos los niños de mi grado tenemos la misma edad. Por eso la llaman escuela graduada.

NIÑO 1: Hay una niña muy guapa que siempre me mira cuando nos vamos cada uno por nuestra escalera. Pero dicen que, a lo mejor, pronto nos juntan, como hacen con los párvulos.

NIÑO 2: En el aula tenemos armarios para guardar nuestras cosas y nuestros trabajos. Hemos hecho grupos de mesa para trabajar juntos y ayudarnos si lo necesitamos.

VÍCTOR: Todas las semanas, hacemos un taller de chapa y alambre. Nos enseñan a hacer juguetes y cosas útiles.

NIÑA 2: En el recreo, podemos ir a jugar al patio o quedarnos en las galerías para ver fotografías. Y los que ya saben pueden leer un rato.

NIÑA 3: Hay duchas con agua tibia y hasta una piscina muy grande. Dicen que nos van a enseñar a nadar.

NIÑA 4: Nos han enseñado a poner la mesa y los mayores nos sirven la comida a los pequeños. Yo también serviré la comida cuando sea mayor.

VÍCTOR: A veces, la maestra se sienta con nosotros a comer, siempre huele muy bien y lleva vestidos muy bonitos y con colores, y a la hora de la comida, algunas veces, tocan música en el piano que hay en el comedor.

(Se van los niños, las niñas y la madre.)

Esos tres años en la escuela cambiaron mi vida por completo. Pasé de no saber leer, a devorar los libros. De no saber escribir, a manejar la imprenta donde hacíamos el periódico escolar. De no saber contar, a llevarles las cuentas a mis padres. De no querer pisar una escuela, a querer enseñar a otros, como me habían enseñado a mí.

En junio del 36 terminé los estudios primarios y me presenté al examen de ingreso en el instituto San Isidro, el más antiguo de Madrid. Antes no era así, pero con la República, para ser maestro, había que estudiar bachillerato.

Aprobé el examen, así que ese verano me fui al pueblo de mis abuelos con la seguridad de haber dado el primer paso para cumplir mi deseo: ser maestro.

El cine

Me llamo María Francisca Callejo. Paquita. Mis padres tenían una tienda de ultramarinos y vivíamos en la planta de arriba. Así que me crie entre garbanzos, rosquillas, aceite, básculas, sacos... haciendo mis tareas en la trastienda y recibiendo mimos familiares y de los clientes. Por desgracia, al dar a luz a mi hermano, mi madre murió. Yo solo tenía diez años y tuve que ocuparme de él.

Y así fui creciendo, hasta que mi padre murió y nos quedamos mi hermano y yo a cargo de la tienda. Él se casó y tuvo dos niños, Jesús y Mari Carmen. Desafortunadamente, en enero de 1936, mi cuñada murió y se quedaron sin madre.

Yo me dedicaba a trabajar, a ayudar a mi hermano con sus hijos y los domingos a ir sola al cine. Desde la primera vez que pude ir a una sala, me quedé totalmente fascinada y, cuando vi la primera película con sonido, todavía más. Yo quería ser como esas actrices que salían en las pantallas. Llegaba a ver varias veces una misma película si me gustaba mucho, y me aprendía las escenas, y las representaba, sola o en compañía de quien quisiera escucharme. Me conocían como "Paquita la artista".

¡Quién me iba a decir que realizaría mi deseo donde menos lo esperaba: la escuela de mis sobrinos!

AMALIA: La Junta de Enseñanza Primaria nos anunció que nos traerían un proyector.

PAQUITA: ¡Qué bien!

AMALIA: Sí, pero ha pasado bastante tiempo y todavía no tenemos ninguno.

PAQUITA: ¡Pues vaya mala suerte!

AMALIA: Nos dicen que no hay medios suficientes. Sin embargo, se sabe que en el grupo escolar Florida sí tienen uno, así que...

PAQUITA: ¡Uy!, pues entonces, si en el Florida lo tienen, aquí no vais a ser menos, ¡estaría bueno! Yo tengo un amigo, cliente de la tienda, que tiene un cine en el barrio. A lo mejor le puedo preguntar si puede venir un día con el proyector.

AMALIA: Me parece una idea estupenda. Y a ti te encantan las películas, ¿no?

PAQUITA: Sí.

AMALIA: A lo mejor puedes venir con él a hablar de cine.

PAQUITA: ¿Yo?

AMALIA: ¿Te animas?

PAQUITA: ¡Sí!

Pero antes tenía que decírselo a mi hermano y temía que no me dejara.

HERMANO: A mí me parece, hermana, que tienes muchos pájaros en la cabeza con esto de las películas y que no te ocupas de las cosas importantes.

PAQUITA: ¿Cómo ha quedado hoy tu Athletic Club?

HERMANO: Ha ganado.

PAQUITA: ¿Cuánto?

HERMANO: 3 a 0.

PAQUITA: Pues entonces parece que os salváis, ¿no?

HERMANO: Anda, hermana, está bien, ve a eso de tu cine, pero que no me entere yo de que descuidas la casa.

PAQUITA: ¡Te lo juro!

Así que, una mañana de mayo, llegamos mi amigo y yo con un proyector. Niños y niñas juntos vieron dos películas cortas, una sobre la cría del gusano de seda y otra sobre los monumentos de España. ¡Qué interesante, lo que aprendí!

Y después llegó el turno de "Anna Karenina". Esa película la había elegido yo. No sé si era para niños, pero me encantaba Greta Garbo, quería ser como ella.

(Se proyecta un fragmento de la película. Paquita la mira ensimismada. De repente, se estropea la película.)

AMIGO: Se ha roto la cinta.

PAQUITA: No pasa nada, me la sé de memoria. *(Paquita sigue con la escena, haciendo los dos personajes)* —A tu edad se pasa bien en cualquier parte. —¡Oh, no! Hay bailes que resultan aburridísimos. —Pero tú tienes una ilusión especial por esa fiesta ¿verdad? —Sí, es cierto, ¿cómo lo sabes? —Estás en una época preciosa de la vida. La época feliz en que la niñez ha terminado y el futuro se presenta maravilloso. Me acuerdo bien. Se flota en una misteriosa niebla azul, como la bruma de las montañas suizas. Esa niebla lo cubre todo, y de ella puede surgir en cualquier momento la figura del amado. Un poco imaginada y un poco soñada. —Anna, Anna...

AMIGO: Me temo que esto no tiene arreglo.

AMALIA: Bueno, de todas formas, vamos a dejarlo aquí.

PAQUITA: También puedo hacer Mata Hari, una famosa espía de guerra, que bailaba... *(Empieza a hacer alguna parte de Mata Hari, pero enseguida la interrumpen.)*

AMALIA: Por hoy ha estado bien. Quizá la próxima vez una película de Chaplin, o de dibujos...

Se acordó con la escuela que para el curso siguiente se haría una sesión de cine cada mes. Desde ese verano del 36 ya tenía en mi cabeza el proyecto más bonito de mi vida. Solo había que esperar a que llegara septiembre.

La música

Soy Celia Galindo Latorre. Nací en Cartagena el 17 de enero de 1893, tras dos varones, y morí en Méjico el 12 de febrero de 1959. Ambos días fueron lluviosos y sonaban muchos truenos. Sonidos y naturaleza, dos constantes en mí. La música siempre me ha acompañado. Sin música, mi vida habría estado vacía.

Recuerdo a mi madre cantando en su pescadería cuando yo era niña y a mi padre mientras se afeitaba antes de salir al puerto para trabajar la madera de los barcos como calafateador. Aún escucho los redobles de tambor de las cofradías por las calles de Cartagena y los cantos de saeta al paso de los nazarenos y las nostálgicas canciones de mujeres de marineros en el puerto.

(Canta una estrofa de "A la mar fui por naranjas", del cancionero de la Institución Libre de Enseñanza.)

A la mar fui por naranjas
Cosa que la mar no tiene.
Vine toda mojadita
De olas que van y vienen.
¡Ay, mi dulce amor!
Ese mar que ves tan bello
Ese es mi dolor,

Ese mar que ves tan bello
Es muy traidor.

Mi destino era ser maestra, porque yo sabía que ser maestra era ser escritora, enfermera, matemática, geógrafa, científica, bióloga, jardinera, lectora, música, cantante, artista.

En 1912 acabé los estudios de maestra en la escuela normal de Murcia. Tenía 19 años y el deseo de acercar lo mejor del magisterio a las aldeas más apartadas y dar vida a la escuela rural. Algunos compañeros fuimos a Portman y a La Unión, pueblos mineros cercanos a Cartagena. Llevábamos instrumentos sencillos que habíamos construido para regalar a las escuelas.

Bajábamos de la tartana tocando músicas desconocidas para ellos, que bailaban tímidamente, y canciones mineras que repetían con ecos. Poco a poco, mayores y pequeños se unieron a nosotros. Esa mañana, en la plaza de La Unión, al sol de mayo, hicimos una hermosa actuación que reveló la magia de la música y el canto. Aún no sabíamos que estábamos llevando a esas aldeas lo que, años más tarde, la República extendería por todo el país: las Misiones Pedagógicas.

Mi primera escuela, en 1914, estaba en Córdoba. Nada más llegar, formé con los niños un coro. Desde entonces me conjuré para que, allí donde me destinaran, el milagro de la música floreciera desde las voces de mis niños. Lo había aprendido de Doña Josefa, mi maestra de música en la Normal.

DOÑA JOSEFA: Queridas futuras maestras. La música nos acompaña desde que nacemos y ocupa el lugar más cercano al corazón. Si quieren hacer que los pequeños la amen, denles la oportunidad de que la sientan y crezcan con ella. Luego vendrá el lenguaje musical, no los aturullen con solfeo ni con partituras, porque la música culta, esa vendrá más tarde. La primera música que deben valorar es la que escuchan en su familia, en su pueblo, en sus juegos, en su casa.

Aquellos niños, con padres y madres trabajadores y campesinos que no sabían leer y escribir, sí que sabían cantar y bailar. Yo les enseñaba canciones de los mineros de La Unión y ellos a mí, las canciones que cantaban en el campo. Así me di cuenta de que la música calaba muy hondo en los niños y en sus familias y que a través de ella podía enseñarles lo que necesitaban aprender. Cada canción tiene su origen, historia; su lugar, geografía; su texto, gramática, lectura, escritura; y su ritmo, matemáticas, fracciones, múltiplos.

En 1933, tras veinte años transitando por diferentes escuelas del sur, conseguí al fin una plaza en uno de los dieciocho nuevos grupos escolares que había construido, en solo dos años, la República en Madrid.

Mi alegría era desbordante, mi miedo a no dar la talla también, pues sabía de la relevancia de cada persona que allí iba a encontrar. Maestras y maestros de la ILE. Partidarios de la escuela nueva. Era la escuela viva, respetuosa, activa y alegre. Era la escuela republicana.

Durante el primer curso sentí que el proyecto de coro y música también podría arraigar en un grupo de estas dimensiones, con más de 300 niños. Así que, en mi segundo año, le pedí a la directora que me encomendara la tarea de formar el coro infantil y familiar del grupo escolar y ella accedió. Además, mi destino ya era definitivo.

Por las mañanas daba las clases como maestra en mi grado, y por las tardes, a cantar y a bailar. Fabricamos instrumentos con cajas y latas, cuerdas y mimbres, porque aquí no se gastaba ni un céntimo, que no lo había, que las familias bastante tenían con sobrevivir.

El trabajo de esos dos años fue agotador pero el concierto de fin de curso fue una perla que cada una de las personas que allí estuvo guardará en su corazón. Al fin se abrió la puerta para el éxito definitivo: la aprobación por la inspección del proyecto "Una escuela, un coro", que iniciaríamos en septiembre del 36.

Las Misiones Pedagógicas

Después de la clase de aritmética, había prometido a los niños que iríamos al río. Las misiones llegarían al día siguiente y la verdad, estábamos un poco nerviosos. Teníamos todo más o menos preparado: la posada reservada, el salón de baile despejado... Me preocupaba que el suelo fuera de tierra, así que habíamos llevado algunos bancos de la iglesia, así podrían dejar en ellos los materiales. Y que no hubiera ventilación ni chimenea era otro inconveniente, pero ya era abril y el monte empezaba a darnos un respiro.

Total, terminamos la tarea, cogimos los cuadernos de campo, las pinturas y las lupas y nos fuimos camino del manantial del Quiñón Viejo, era nuestro lugar favorito.

(Entran las niñas y, todas juntas, empiezan a cantar.)

De los cuatro muleros
De los cuatro muleros
De los cuatro muleros
Mamita mía, que van al agua, que van al agua.
El de la mula torda
El de la mula torda
El de la mula torda
Mamita mía, me roba el alma, me roba el alma.

NIÑA 1: ¿Nos vuelve a leer el capítulo de cuando muere?

NIÑA 2: No, ese no, lea mejor aquel de cuando Platero se asusta por los fuegos artificiales.

Y ahí estábamos, unas recostadas inmersas en la lectura, otras con las lupas buscando algún bichito, los parvulitos haciendo círculos con las piedras, seguro que luego cogerían alguna para nuestra colección de rocas. Las mayores explorando el mejor lugar para sus pinturas y el resto *(se van todas)* repartidas por el arroyo, descalzas ya, buscando alguna hoja nueva que luego prensaríamos.

Pasado un rato, sentimos unos pasos *(Entran tres hombres.)* "De nuevo el alcalde –pensé– seguro que viene con los topógrafos".

ADELINA: Niños, recoged, volvemos a la escuela.

DON BRAULIO: Buenas tardes, señorita Adelina, quería presentarle...

ADELINA: Buenas tardes, Don Braulio, estábamos ya recogiendo.

DON BRAULIO: Sí, mire, quería presentarle a...

Y entonces me fijé en que a Paulina le estaba costando bajar de la rama y que Enriqueta estaba intentando cruzar el arroyo y se tambaleaba.

ADELINA: Soy maestra de la unitaria. Sé que vienen con Don Braulio para lo del trabajo de cartografía, pero ahora mismo no puedo atenderles, si me disculpan.

Y entonces me descalcé, sujeté bien mi falda y atravesé el arroyo para ayudarlas.

De regreso al pueblo, empezamos a sentir un bullicio lejano. Cuando llegamos a la plaza, entre todo el jaleo, salió un hombre que parecía poeta, cogió una bocina de mano, se subió al poyete del ayuntamiento y dijo:

"No tengáis miedo, no venimos a pediros nada. Somos una escuela ambulante que va de pueblo en pueblo. El gobierno de la República nos manda de misión a todas las aldeas, a las más escondidas, a las más abandonadas, para enseñaros algo que hasta ahora nadie os ha traído".

Entonces, lo comprendí todo.

ADELINA: *(Pasa un hombre.)* Perdone, ¿las misiones no llegaban mañana?

HOMBRE: Sí, pero ayer tuvimos que cambiar la ruta y venir directamente hasta aquí, no teníamos forma de avisar, lo sentimos.

ADELINA: Más lo siento yo, por no darles la bienvenida que merecían.

Así que los acompañamos al salón de baile para que dejaran los materiales y ahí llegó uno de los momentos más fascinantes de mi vida. Uno de los caballeros que había venido al río sacó un disco plano de una valija y lo colocó, muy delicadamente, sobre un gramófono. Empezó a sonar la dulzaina, toda la algarabía enmudeció. Reconocían sus cantos. Sólo los que estuvimos allí, campesinos e intelectuales, sabemos lo que sucedió en nuestros corazones. Las viejas lloraban, las mozas sonreían, las miradas se cruzaban en muchas direcciones, la mía se cruzó con la de aquel caballero que había hecho posible ese momento, pero nadie se atrevió a decir nada. Solo los niños pidieron: "otra vez, otra vez".

Así fue como conocí a don Pedro de Velasco, el encargado del gramófono en las Misiones Pedagógicas.

La semana transcurrió maravillosa, con el retablo de fantoches, la representación del romance de la loba parda, el museo del pueblo con sus bellas y grandiosas reproducciones del Museo del Prado... pero, sin duda, la novedad fue el cine. Para algunos era la primera y, para otros, la única en su vida que veían imágenes en movimiento frente a lo que hacía unos segundos era solo una pared. Les causó miedo. Algunos niños, incluso, alzaban el brazo para intentar agarrarlas imágenes. El cine los deslumbró.

Y llegó el último día. Los misioneros nos regalaron una

gran maleta, con muchos libros para la biblioteca de nuestra escuela. Y allí mismo, al aire libre, Pedro de Velasco nos obsequió con la última audición del gramófono. *(Se oye la canción "Los cuatro muleros".)* La voz de la Argentinita empezó a sonar. No podíamos creerlo, era la misma canción que los niños y yo solíamos cantar durante nuestros paseos. Los niños, espontáneos, salieron a bailar. Pedro de Velasco se acercó con cautela hacia mí, me cogió de la mano, parecía que iba a besarla, entonces yo me adelanté.

ADELINA: Gracias por habernos traído la cultura de una forma tan real, tan de verdad.

PEDRO DE VELASCO: Gracias a usted, por basarse en el respeto y el amor real al niño.

ADELINA Y PEDRO DE VELASCO: *(A la vez.)* Algo muy simple.

Los dos sabíamos que aquellas eran las palabras de nuestro maestro, don Manuel Bartolomé Cossío.
Soy Adelina Castellanos. Aquel fue mi último curso en mi querida escuela rural. Después tuve que irme a Madrid y empecé a trabajar en un grupo escolar recientemente inaugurado.

Las Misiones Pedagógicas se fueron, pero Pedro de Velasco decidió quedarse unos semanas más y yo no pude sentirme más dichosa.

Nuestra Natacha

Alejandro Rodríguez Álvarez, ese era el auténtico nombre de Alejandro Casona, el afamado dramaturgo. Cuando llegué a la inspección, Alejandro ya estaba allí. Él era inspector profesional. Yo me había ganado la plaza en unas oposiciones para maestros convocadas por la República. Con sus ínfulas pedagógicas, los profesionales nos trataban con recelo. Ellos olían a viajes, cursillos y bibliotecas, nosotros a encerados, tinta y pupitres de madera. Pero Alejandro era diferente. Debo reconocer que le envidiaba.

Su última obra, *Nuestra Natacha*, se había estrenado en Madrid el 6 de febrero del 36 en el teatro Victoria. Era la obra del momento y objeto de grandes controversias políticas. No era fácil conseguir entradas para verla y menos aún en domingo, pero, gracias a Alejandro, vi la ocasión de impresionar a Celia con una butaca de platea. Ella aceptó encantada, eso sí, poniéndome la condición de que invitara también a dos de sus compañeras.

ALEJANDRO: Aquí tienes, Ramón, para la función del domingo: un palco para que puedas convidar a tu maestra y a sus dos carabinas. Aprovéchalo bien, amigo, que me ha costado lo suyo tu encarguito.

Al terminar la función, nos fuimos a tomar unas horchatas a Antón Martín. Era el último domingo de aquel mes de junio, pero yo aún lo recuerdo como si fuera ayer.

CELIA: "*¡Hoy la educación no admite más esclavos que los maestros!*". ¿Habéis escuchado esa frase tan tremenda de Natacha?

ADELINA: Me ha hecho recordar aquella ley que nos presentaba como "sacerdotes de la nueva escuela" o algo así.

AMALIA: Sacerdotes laicos, imagino.

ADELINA: Aun así ¿no os parece que es echarnos demasiada carga encima?

AMALIA: Yo me conformo con intentar ser una buena maestra. Esclava no querría ser.

CELIA: Bueno, mujer, yo lo entiendo como una metáfora, como una llamada a terminar con la educación que esclaviza y maltrata a los niños.

AMALIA: ¿Tú crees?

CELIA: Quizás nuestro insigne camarada inspector, amigo del creador de Natacha, nos pueda sacar de dudas.

RAMÓN: Siempre tan sarcástica, Celia. ¡Ni veinte repúblicas que se proclamaran te cambiarían el carácter! Esclavas o no esclavas, los inspectores lo esperamos todo de vosotras. Ballesteros nos lo recuerda todos los días:

BALLESTEROS: Tenéis que estar con los maestros en las escuelas; con las elecciones hemos recuperado el poder, pero, sin su trabajo, nuestras leyes y reglamentos no servirán de nada. ¡Ahora o nunca, camaradas!

RAMÓN: ¡Ahora o nunca!

AMALIA: ¿Ballesteros? ¿Antonio Ballesteros? He oído hablar mucho de él, creo que es muy, pero que muy comunista. ¿Ese es el que manda en la Inspección?

RAMÓN: Sí mujer, Antonio es comunista, pero no manda tanto.

AMALIA: ¡Pues apañadas estamos, compañeras, ahora sí que nos van a hacer esclavas de Stalin! ¡Vamos a brindar, que todavía somos libres! ¡Ahora o nunca!

(Risas de las tres.)

Sus risas me dejaron aturdido. Las sentía alegres, fuertes, capaces de vencer cualquier imposición. Nada ni nadie podría pararlas.

CELIA: Veremos qué pasa esta semana cuando la directora anuncie que, a partir de septiembre, en tercer y cuarto grado haremos trabajo mixto... ¡todos los días!

ADELINA: ¿También en tercero y cuarto? ¡Pues ya iba siendo hora! No tenía razón de ser hacerlo sólo en párvulos. En mi escuelita rural era lo habitual en todos los grados y ya nadie protestaba.

AMALIA: Nuestra directora debería ser aún más valiente e implantar la coeducación en los seis grados.

RAMÓN: Poco a poco, Amalia, solo llevamos cinco años de República y bastantes familias se nos pueden echar encima.

AMALIA: Con los nuevos compañeros que nos vienen del plan tendremos refuerzos para callarles la boca a esos botarates que siguen rumiando por las esquinas: ¡que se vayan con los curas y nos dejen trabajar en paz! ¡He dicho!

ADELINA: ¿De qué plan hablas, Amalia?

CELIA: Pues de cuál va a ser, mujer, del plan de nuestro amigo Llopis. El plan profesional del 31. Ya salen las primeras promociones. ¡Tan listas como nuestra Natacha! No como nosotras, que ni el bachiller teníamos.

AMALIA: Oye guapa, habla por ti, que yo soy anarquista... ¡pero muy sabida!

RAMÓN: ¿Sabéis qué es lo primero que ha hecho Marcelino Domingo al volver al Ministerio? Ha reclamado a todas las inspecciones que le envíen una relación completa de todos los colegios religiosos abiertos en sus provincias.

AMALIA: ¿Para hacer otra estadística de esas que tanto os gustan?

RAMÓN: No, Amalia, no. Para hacer lo que no tuvimos tiempo de hacer en el 33, aplicar de una vez por todas la Ley de Congregaciones y cerrar todos los colegios religiosos de España.

CELIA: ¿Que vais a cerrar desde septiembre todos los colegios de monjas y curas? Mira, Ramón, si por fin sois capaces de tamaña hazaña... ¡en septiembre me arrojo rendida a tus brazos! (*Ramón hace ademán de abrazar a Celia, que lo rechaza riendo.*) En septiembre, Ramón, en septiembre.

Viéndolas, me preguntaba si había acertado al presentarme a la oposición para inspector, si no hubiera sido más feliz trabajando como un maestro más. Y cerca de Celia. Mi invitación al teatro tenía una finalidad: comunicarle algo que sabía que ella ansiaba escuchar.

(Ramón se queda a solas con Celia.)

RAMÓN: Quizás no debería decírtelo, Celia, pero tengo noticias acerca de tu proyecto musical.

CELIA: Vamos, Ramón, suelta la bomba.

RAMÓN: Es que no sé si tus compañeras deberían saber...

CELIA: ¡Pues claro! Ese proyecto es de todas y no pensamos en otra cosa en la escuela. ¡Desembucha, camarada inspector!

RAMÓN: Siendo así... ¡El consejo ha aprobado vuestro proyecto! La próxima semana vuestra directora recibirá la comunicación oficial. La comunicación oficial y los dos pianos que os regala el ayuntamiento gracias a mis gestiones con el compañero Saborit. Eso sí, si quieres que te pueda seguir ayudando, tendrás que guardarme el secreto hasta ese día.

CELIA: ¡Pero si ya llevamos tres meses con el proyecto en marcha! ¿Qué te pensabas, que nos íbamos a quedar mano sobre mano mientras mareabais la perdiz en el ministerio? ¡Ay, Ramón, me temo que la inspección te ha hecho perder tu olfato de maestro! *(Se va.)*

Mi nombre es Ramón Hernando y aquel domingo de junio de 1936 comprendí que mi lugar no estaba en los despachos sino en la escuela. En los últimos días de julio le comunicaría a Ballesteros mi reincorporación al grupo escolar. La tranquilidad de tener un verano por medio le ayudaría a aceptar mi decisión y en septiembre volvería a la escuela. Volvería para iniciar el nuevo curso, un curso en el que al fin, ya sin cortapisas, el deseo de la educación republicana, el sueño de nuestra Natacha, iba a convertirse en realidad.

LA GUERRA

Al frente

Lo recuerdo muy bien. Era lunes 20 de julio de 1936. Mi hermano no había venido por la mañana a la tienda. Apareció por la tarde y muy inquieto.

HERMANO: ¿Has colocado ya las lentejas en el saco?

PAQUITA: ¡Pues claro, ya te he dicho antes que sí!

Enseguida entró Mercedes con su nieta en brazos.

MERCEDES: Buenas. Oye, quería saber si tenéis café y me lo podéis moler.

PAQUITA: Sí, Mercedes, como siempre...

MERCEDES: Menos mal. Pues dame la cantidad de siempre. Es que como están las cosas tan revueltas...

PAQUITA: No te preocupes, tenemos género suficiente, pídenos lo que necesites.

Mi hermano no decía nada, bajó la cabeza, cruzó los brazos, hasta que se metió en la trastienda.

HERMANO: Voy a ver qué hacen los niños.

(Paquita mira extrañada a su hermano.)

MERCEDES: Paquita, dame también un poco de bacalao. Y unos garbanzos... ¡Uf!, menudo calor hace hoy...!

Y ya no paró de darme conversación.
Cuando se fue Mercedes, inmediatamente salió mi hermano.

PAQUITA: ¿Cómo están los niños?

No me contestó, a cambio se me quedó mirando fijamente con una expresión que me asustó.

PAQUITA: ¿Qué ocurre?

HERMANO: Me voy. (*Pausa.*) Mañana me voy al frente, hermana.

Me quedé muda. Él siguió.

HERMANO: Te dejo a los niños, contigo estarán bien. Ve a hablar con las maestras.

PAQUITA: ¡No puede ser! Pero... yo... mañana tengo que ir a la Ciudad Lineal a los Estudios Cea a hacer una prueba para una película... ¿no te acuerdas que te lo dije? A ti te pareció bien. No puedes irte ahora.

(El hermano corta a Paquita y la toma de los brazos. En algún momento se convierte en abrazo.)

HERMANO: No lo entiendes. Esta mañana hemos asaltado el Cuartel de la Montaña...

PAQUITA: ¿Qué?

HERMANO: ...ha habido muchos muertos, los fascistas han fracasado. Pero hace falta seguir la lucha. Esto es serio. Voy con el POUM a Guadalajara. No hay tiempo para otras cosas, hay guerra, ya no te van a hacer ninguna prueba.

En ese momento me di cuenta de mi delirio por preocuparme por lo que me preocupé, y el mundo se me vino abajo. Mi hermano se iría a la guerra. ¿Estábamos en guerra, entonces?

PAQUITA: *(Se separa de su hermano y le increpa, encendiéndose poco a poco.)* Pero tú no eres violento, nunca lo has sido, no sabes manejar un arma. *(Le golpea.)* ¿No te das cuenta de que tendrás que verte obligado a matar, de que pueden matarte? ¿Te han convencido para que te fueras? ¿Y ellos?

HERMANO: Tengo que irme, tengo que irme.

PAQUITA: Pero...

HERMANO: Pide ayuda a las maestras.

PAQUITA: Y ¿qué les digo a los niños?

HERMANO: Pide ayuda a las maestras...

No paraba de decirlo mientras se marchaba, sin que yo imaginara que esa iba a ser la última vez que le viera, que supiera de él. Me dejaba sola, con dos niños pequeños, una tienda, una responsabilidad y mis sueños perdidos.

Septiembre

Mi nombre es Amalia Villar. Nací en un pueblito manchego. Me quedé huérfana de padre siendo muy pequeña. Mi madre siempre tuvo una obsesión, que mis hermanas y yo no dependiéramos de ningún hombre, que nos valiéramos por nosotras mismas.

Me vine a Madrid a estudiar para maestra y, al finalizar mis estudios, participé en la red educativa y formativa del movimiento libertario. Esto me permitió conocer a fondo el trabajo de las escuelas y ateneos racionalistas, basado en el modelo de la Escuela Moderna de Ferrer y Guardia.

Fueron unos años muy felices, en los que me comprometí con la CNT y estuve viajando por distintos pueblos de la geografía española, apoyando al conocimiento de la gente trabajadora y de sus hijos.

Más tarde, al volver a Madrid, entré a dar clases en uno de los grupos escolares que la República acababa de inaugurar. Este grupo no coincidía plenamente con mis planteamientos libertarios, pero se acercaba bastante a muchas de las ideas que yo tenía sobre educación.

Tras la sublevación fascista, en julio de 1936, nuestra escuela se habilitó temporalmente como albergue infantil, en el que participamos los maestros de nuestro Grupo escolar que no nos habíamos marchado de Madrid, además de maestros de otras escuelas. A muchas de mis compañeras les había perdido la pista, no las había visto en todo el verano. No sabía dónde les había sorprendido la sublevación, ni si estaban a salvo. Se hablaba de que habían fusilado a bastantes maestros.

A finales de agosto recibí una carta del Ayuntamiento. Decía que el 1 de septiembre me debía incorporar a mi puesto de maestra en mi grupo escolar. No lo entendía muy bien, pero ese día me encaminé, cansada y taciturna, al mismo lugar al que había ido todos los días de ese verano

Entré a la escuela como todas esas mañanas. A pesar de mi cansancio, estaba emocionada. La noche anterior, sentía tanto la proximidad del encuentro con mis compañeras que apenas había podido dormir.

Tenía muchas cosas que contarles. De los primeros días, en los que nos dedicamos a la limpieza de los chicos, organizando las duchas, las visitas médicas y todo lo relacionado con las comidas.

Tenía ganas de contarles que nuestro objetivo era alejar a los niños de lo que sucedía en el exterior y procurarles tranquilidad, que nos habíamos centrado más en todo lo que pudiera aportarles diversión y alegría, escondiendo nuestro propio miedo y nuestra incertidumbre.

Quería contarles que los niños habían estado en la escuela todo el día y que nuestro empeño había sido hacerles entender la importancia que tenía, para todos, el cuidado de la escuela, que ellos sintieran que era suya y que había que protegerla.

Estaba ansiosa por contarles todo. Y de repente la vi.

(Entra Celia. Ambas se miran.)

Es Celia, la misma compañera con la que he comparti-
do tantas cosas en los últimos años: reuniones, cafés,
charlas sobre pedagogía, sobre la vida, la ilusión por la
nueva educación. La misma compañera a quien he visto, hace solo dos meses, eufórica y alegre la noche que
fuimos a ver *Nuestra Natacha*. Es la misma amiga de
siempre pero parece que hayan pasado años. En sus ojos
noto que ella ve lo mismo en mí.

Tengo tantas cosas que contarle… pero no puedo hablar.

(Se dan un largo abrazo.)

AMALIA: ¿Estás bien? *(Celia asiente.)* No sabía dónde
estabas. ¿Te fuiste a Cartagena?

CELIA: Sí, me fui a principios de julio para ver a mi
familia, pero en cuanto llegaron los rumores de la sublevación me volví enseguida a Madrid. Estuve ayudando
donde hizo falta, en el Museo del Prado embalando cua-
dros, en la Casa de Campo cavando trincheras. Es una
locura. ¿Lo has visto?

AMALIA: No he visto nada. He estado todo el verano
aquí. No sé qué vamos a hacer. *(Se sienta, seguida por
Celia.)*

CELIA: Yo te voy a decir lo que vamos a hacer. Hay que continuar con el proyecto musical. Ahora, más que nunca, los niños necesitan seguir cantando y mantener las actividades que les aíslen del exterior y les permitan vivir con alegría su tiempo en la escuela.

ADELINA: *(Entrando.)* Y con la proyección de películas.

CELIA: ¡Adelina!

AMALIA: *(Se abrazan las tres.)* No sabía dónde estabas.

ADELINA: Aquí estoy, compañeras. Este verano he pasado mucho miedo en el pueblo, pero aquí me tenéis.

Esos abrazos borraron de un plumazo el cansancio y los miedos. Me hicieron saber cuál era mi misión. Para nosotras, lo primero eran los niños y seguir trabajando por y para ellos. La escuela tenía que continuar.

Un dilema

Aún sin luz en las calles y con el fresco de la mañana golpeando mi cara, enfilaba apresurado la cuesta que desembocaba en el mercado de abastos. Por suerte, ser empleado municipal allí me permitía, pese a mi edad, no ser movilizado.

Justo en la esquina anterior a mi llegada, me sorprendió el saludo de un rostro que no me era familiar.

AURELIO: Manuel, soy Aurelio, de Sevilla, del barrio de San Vicente, camarada de tu hermano Juan de "toa" la vida. Tu padre, Mariano, que en paz descanse, salía mucho al campo con el mío. Y tu madre, Encarnita, era clienta fija de la tienda que mi familia tenía al final de la calle Baños. No sé si te acordarás.

MANUEL: *(Dudando.)* Sí... sí, me acuerdo.

AURELIO: *(Dándole una carta, que Manuel esconde rápidamente.)* Tu hermano te manda un mensaje. Si estás conforme con lo que te propone, acércate un día al bar que indica en la carta. ¡Ah! Y pide café. ¡Con Dios! *(Le da una palmadita en la espalda y se va.)*

MANUEL: ¡Cago en la leche, Juan!

Estuve toda la jornada con el corazón en un puño, pensando en la dichosa carta. El día se me hizo eterno hasta llegar a casa. Una vez allí, lo primero que hice fue leerla.

JUAN: "Manuel, sé que las cosas están muy turbias por allí. No vayas a pensarte que en esta la vida es jauja, pero, al menos aquí en Sevilla, los nacionales ya garantizan la seguridad. Se hicieron con el control de la ciudad en cuestión de días y, como ha dicho Queipo por radio, muy pronto le han enseñado a los rojos y de paso a sus mujeres lo que es ser un hombre de verdad. Hermano, no le des más vueltas, la República ya sólo es desorden y revuelo. Pásate lo antes que puedas. Sálvate y salva a tu familia de este desastre".

Las palabras de mi hermano quedaron resonando en mi cabeza.

MARIANA: *(Entra cantando y le da un beso.)* Paulita, cariño, tu padre está aquí, ayúdame con la mesa.

(Va poniendo la mesa para cenar, canturreando.)

Mientras tanto, mi Mariana, ajena a las noticias y al nerviosismo en las calles, no sólo seguía en su puesto de trabajo como maestra de escuela, sino que además volvía a casa más entusiasmada que nunca, hablándome de lo que allí hacían. Viajes, cánticos, literatura. Un "sinsentío".

MARIANA: Manolillo, fíjate que olor más rico echa esta sopa.

¿Qué pretendía? ¿Pasarse el día cantando alegremente como si en España no hubiera empezado una guerra? Con esa actitud estaba poniendo en peligro a mi familia. Y yo tenía que tomar cartas en el asunto. De hoy no pasa, me dije.

(Manuel se sienta también a la mesa. Empiezan a cenar.)

MARIANA: *(Rompiendo el silencio.)* Hoy les he pedido a mis niños que le escriban una carta a un compañero. Pero tenían que hacerlo en forma de poesía o de canción. ¡No sabéis las maravillas que han escrito!

MANUEL: ¿Y a ti te parece que es momento para esas estupideces?

MARIANA: ¿A qué te refieres? Los niños necesitan hacer su vida normal. Tienen que ir a la escuela.

MANUEL: La escuela ha pasado a un segundo plano desde que empezó el tiroteo. ¿Has pensado en eso?

MARIANA: Con más razón todavía. Tenemos que seguir formando una nación culta, sensible, dialogante.

MANUEL: ¡Ja! Pero ¿qué diálogo se escucha ahora en las calles? No hay raciocinio, Mariana. Hay que salir de Madrid.

MARIANA: En la escuela me necesitan, no vamos a ir a ningún lado.

MANUEL: Te invitan a dar un paseo y te acaban pegando un tiro en la Casa de Campo. Pasa todos los días. ¿Te lo recito o te lo canto para que lo entiendas?

MARIANA: ¡No pienso huir a ningún lado!

MANUEL: ¡Cago en dios! *(Da un golpe en la mesa y se levanta.)*

¿Esa era toda mi autoridad? Mi mujer negando en mi cara acatar las órdenes que yo había decidido para nuestra familia, y yo incapaz de encontrar palabras para imponer mi voluntad.

Me llamo Manuel Fernández, nací en Sevilla. Nunca me ha gustado la política. Aquella noche, definitivamente, entendí que el Frente Popular no había traído nada bueno a nuestras vidas.

Mujeres Libres

Me llamo Lucía Robles. Había cumplido sesenta años y me sentía bastante satisfecha de mi vida, hasta que la sublevación fascista puso todo patas arriba. Libertaria por parte de padre y por propia convicción, afiliada a la CNT, en mayo de 1936 participé en el nacimiento de la agrupación y de la revista *Mujeres Libres,* junto a Lucía Sánchez Saornil y otras compañeras. Obligada a trabajar desde jovencita para ayudar en el sostenimiento familiar, en aquel momento realizaba trabajos diversos en periódicos anarquistas y, dado que siempre me gustó escribir, había conseguido publicar algunos artículos. Ser periodista y contribuir con mi pluma a la educación de las mujeres y, a través de ella, a la revolución social por la que luchamos los anarquistas, constituía el culmen de mis aspiraciones.

Como las escuelas reabrieron sus puertas al empezar el curso, sin miedo al ejército fascista que avanzaba hacia Madrid, publiqué enseguida un reportaje en nuestra revista sobre el día a día en la escuela y sobre la labor de los maestros, pero me sentía insegura...

No solo por mi escaso conocimiento del tema sino por una cuestión personal que me duele recordar. Mi experiencia escolar no fue grata. Cuando veía a los niños de la escuela vecina salir al campo de excursión mientras que a las niñas nos dejaban encerradas cosiendo, me sentía humillada. Desde entonces, odio la costura y el encierro al que se nos somete a las mujeres. Tal vez esta injusticia antigua fuera el germen de que mi acción política se haya enfocado, principalmente, hacia la educación de las mujeres.

Esta inseguridad me llevó en busca del apoyo de Teresa, compañera de la revista.

TERESA: *(Mientras mira unos papeles.)* Está bien. Has reflejado con mucha claridad las diferencias respecto a la escuela tradicional.

LUCÍA: ¡Qué alegría me das! Me sentí especialmente feliz cuando asistí a la preparación de una excursión de las niñas con los niños de la escuela vecina.

TERESA: Que las niñas y los niños se eduquen juntos es uno de los propósitos de la escuela nueva. No les va a resultar fácil ponerlo en marcha...

LUCÍA: Menos aún en las actuales circunstancias.

TERESA: ¿Puedo saber cómo has logrado entrar en la escuela? A menudo los anarquistas suscitamos recelos.

LUCÍA: Lo conseguí a través de Amalia.

TERESA: ¿La conozco?

LUCÍA: Era una compañera del sindicato. Es maestra. No la veía hace tiempo.

TERESA: ¿Es anarquista?

LUCÍA: Creo que ya no.

TERESA: Podrías hablar con ella para que nos dejaran las aulas.

LUCÍA: ¿Las aulas?

TERESA: Para la capacitación de las madres de los escolares. Sin la implicación de las mujeres, no será posible la revolución.

LUCÍA: Aunque algunas discrepancias ideológicas nos han alejado, espero que nuestra vieja amistad funcione como salvoconducto.

Pedí a Amalia que hablara con la directora de su grupo escolar para solicitar el permiso. Me prometió que lo haría, sin embargo, no obtuve respuesta. Decidí esperarla una tarde a la salida de la escuela. Vi grupos de niñas que salían, riendo, ajenas a la guerra.

AMALIA: ¡Qué sorpresa!

LUCÍA: ¿Hasta cuándo pensáis mantener a los niños en Madrid?

AMALIA: Lucía, no vas a venir tú a decirnos lo que tenemos que hacer.

LUCÍA: Los niños tienen que ser salvados de esta barbarie.

AMALIA: ¿Eres consciente del esfuerzo que hemos hecho durante estos años para renovar la escuela? No vamos a abandonar ahora el trabajo realizado.

LUCÍA: Estáis poniendo en riesgo a los niños, tienen que irse al extranjero ya.

AMALIA: Ni tú, ni tu agrupación de *Mujeres Libres* nos vais a dictar cómo proteger a los niños.

LUCÍA: No parece que mantenerlos en Madrid sea protegerlos. ¡Qué insensatez!

AMALIA: La directora y los maestros lo sabemos muy bien, la educación debe continuar.

LUCÍA: Los hijos tienen que salir de España y las madres quedarse a defenderla, a luchar por la revolución. ¡Hay que capacitar a las madres!

AMALIA: ¿Cómo vais a capacitarlas si la mayoría de ellas no sabe leer?

LUCÍA: *(Pausa. Rebaja el tono.)* Te he hecho un bizcocho.

AMALIA: ¡Un bizcocho, qué manjar!

LUCÍA: Está bastante seco, no hay forma de encontrar huevos en Madrid. Ni huevos ni nada...

AMALIA: Gracias.

LUCÍA: ¿Hablaste con la directora?

AMALIA: No he podido.

LUCÍA: Me prometiste que lo harías.

AMALIA: Paso toda la jornada en el aula, no tengo tiempo de hablar con nadie.

LUCÍA: ¿Hablarás con ella?

AMALIA: Me tengo que ir.

LUCÍA: ¡Cuando los muros de tu escuela caigan bajo las bombas, espero que no aplasten a ninguna niña!

Al momento me arrepentí de aquellas palabras. Estaba tan furiosa que no alcancé a contenerme. El daño ya estaba hecho. Nos separamos sin despedirnos. ¡Qué rumbos tan distintos habían tomado nuestros caminos! Nunca volvimos a vernos.

Han pasado los aviones

Después de la sublevación, retiré mi petición de volver a la escuela. En las nuevas circunstancias, dejar la inspección habría sido un acto de cobardía.

En julio, habilitamos algunos grupos escolares como albergues para los hijos de los milicianos que ya habían marchado al frente.

El 31 de agosto, ratificamos a los directores leales y sustituimos a los que no lo eran o a los que... ya no estaban.

En septiembre, todo estaba preparado para que pudiera comenzar el curso escolar. Estábamos en guerra sí, pero nuestras trincheras eran las escuelas. Las escuelas abiertas para que las maestras protegieran a los niños de aquella locura. Celia y sus compañeras mantenían vivo el proyecto. Lo habíamos logrado. Pese a todo, el curso se había iniciado.

En octubre, llegaron las primeras instrucciones para evacuar a los niños con sus maestras al Levante o a Cataluña. Yo sabía que las columnas de Franco se acercaban a Madrid, pero confiaba en que fueran detenidas por nuestro ejército.

El 6 de noviembre, el gobierno se marchó a Valencia. Madrid se quedaba sola, gobernada por la Junta de Defensa al mando del General Miaja.

El 16 de noviembre, Antonio Ballesteros me ordenó que acordara con la directora la evacuación de los niños y la entrega del edificio al quinto regimiento. El grupo iba a convertirse en cuartel.

RAMÓN: Antonio, no me pidas esto.

ANTONIO: Ramón, ya no hay alternativa. Los moros han cruzado el Manzanares. Las órdenes de la consejería de evacuación son tajantes y el partido está de acuerdo. En Madrid solo deben quedar los combatientes.

RAMÓN: ¡Pero yo no puedo traicionar a las maestras! ¡Ellas no quieren marcharse!

ANTONIO: Y tú ¿qué vas a hacer? Necesito saberlo.

Salí del despacho sin responder a esa última pregunta, pero con la firme decisión de no acatar la orden de evacuación. Mi compromiso era con los niños y sus maestras, y decidí ir a reunirme con ellas.

Subí por San Bernardo, doblé por la calle del Pez y, al llegar a la esquina con Marqués de Santa Ana, vi nubes de polvo y gente que subía con cubos de agua. El edificio que hacía esquina con Casto Plasencia se había derrumbado.

Vi a una niña sentada en la acera, me acerqué a ella.

NIÑA: Han pasado los aviones.

Vi que ocultaba algo en el regazo, bajo un jersey que le quedaba grande.

RAMÓN: ¿Cómo te llamas? ¿Dónde está tu madre?

NIÑA: Han pasado los aviones.

Algunas vecinas buscaban entre los escombros. Vi a un miliciano con aire ausente. Me acerqué a él.

RAMÓN: Compañero, soy del consejo de enseñanza primaria. ¿Sabes a qué hora cayó la bomba?

(Silencio.)

RAMÓN: Compañero, ¡escúchame! esa niña ¿estaba sola? ¿Había más niños en la calle?

MILICIANO: Creo que la bomba ha caído sobre las 9 de la mañana. En el sótano había un refugio. Se llenó cuando sonaron las sirenas. Los bomberos creen que quedan muchos bajo los escombros. Pregúntales a ellos si había más niños, yo no quiero saberlo.

RAMÓN: *(Vuelve hacia la niña, se agacha junto a ella.)* No tengas miedo, soy maestro.

NIÑA: Íbamos a la escuela, pero pasaron los aviones. Tómelo, él ya no lo necesita. Y yo tampoco.

La niña se fue sin mirar atrás. Me quedé inmóvil. Abrí el plumier, en su interior había un lápiz gastado y un tirachinas de goma, casi roto. Un plumier, un lápiz y un tirachinas.

A Valencia

El nuevo gobierno de Largo Caballero y el Ayuntamiento ordenaron que comenzara el curso escolar. Ahora entiendo que era un intento de mantener la normalidad. Así que, en septiembre, me presenté en el Instituto San Isidro. La situación que me encontré era caótica. Sindicatos, milicianos y militares se disputaban el uso del edificio y las clases no iban a comenzar. Volví a mi casa aturdido.

Al día siguiente volví al Instituto y así cada día, durante las siguientes semanas. El San Isidro se había convertido en una escuela para alfabetizar y, en el lugar al que había ido a aprender, me vi enseñando a leer a mujeres y a chicos mayores que yo. También colaboré con las milicias de la cultura, alfabetizando a los soldados con la *Cartilla Escolar Antifascista*.

Las columnas de Franco se acercaban a Madrid y los sindicatos estaban empezando a evacuar a niños y mujeres al llamado "Levante feliz". Pero yo ya no me sentía un niño.

A finales de octubre, se incorporó a la escuela una de mis antiguas maestras y por ella supe que en Valencia se iba a abrir un instituto en el que podría hacer el bachillerato en dos años. Sin embargo, yo ya me consideraba maestro y mi lugar estaba en Madrid.

(Entra la madre, despacio, y mira a Víctor sentado en la cama de su habitación, serio, cabizbajo.)

MADRE: ¿No vas a comer?

VÍCTOR: No tengo hambre, madre.

MADRE: Esta mañana ha venido a hablarnos una de tus antiguas maestras. Nos ha dicho que puede conseguirte una plaza en un instituto de Valencia. Allí vas a poder comer todos los días y terminar tus estudios. Alguien tiene que ser el primero que lo haga en esta familia.

VÍCTOR: En el San Isidro empezarán las clases.

MADRE: En Madrid ya no se va a poder hacer nada.

VÍCTOR: No me quiero alejar de ustedes.

MADRE: Ya tengo a tu hermano en el frente, no quiero perderos a los dos. Vas a ir a Valencia y te vas a convertir en el mejor maestro.

Un día de noviembre de 1936, como otros miles de niños en Madrid, fui separado de mi familia y evacuado a Valencia. Allí, entré en el Instituto Obrero y terminé el bachillerato en dos años. Aproveché la oportunidad que mi hermano no tuvo por haber nacido cinco años antes que yo.

En diciembre de 1938, regresé a Madrid. Me encontré una ciudad hambrienta y cansada de tanta guerra, mientras yo, con mi título de bachiller, podía empezar mis estudios de magisterio. *(Pausa.)* Es extraño, pero la guerra había allanado mi camino.

La escuela se cierra

Un día de noviembre entro en la sala de profesores y me encuentro al inspector. Ramón está muy serio, como ausente.

CELIA: Buenas tardes, Ramón.

RAMÓN: Buenas tardes, Celia.

Su mano está fría y suelta rápidamente la mía.

CELIA: *(Ordenando unos libros.)* Ya sabes que el proyecto ha sido todo un éxito. El trabajo da sus frutos, el equipo está cuajando. Nosotras seguimos aquí y los niños también. ¡Es la escuela que siempre quisimos tener, Ramón!

RAMÓN: Sí, sí, he sabido de vuestros éxitos, pero... ¿podríamos hablar aquí mismo? *(Celia deja de ordenar y levanta la vista.)* Tengo que trasladarte las últimas instrucciones de la Inspección.

CELIA: Sí, claro, aquí estaremos tranquilos, no nos molestará nadie. Bueno, algún crío se oye, los que quedan a recoger el patio.

Ramón no me mira, se vuelve hacia la ventana, con la mirada perdida en el patio. Ese patio que ya no huele a jazmines y del que apenas llegan vocecitas infantiles.

RAMÓN: Siento tener que ser yo quien te lo diga, pero el proyecto de música no puede continuar.

CELIA: Dime qué sucede, explícame qué ha pasado, por favor.

RAMÓN: No puedo poner en riesgo vuestras vidas. Tenéis que salir de aquí. Hay que vaciar la escuela y evacuar a los niños, Celia, y cuento contigo para hacerlo.

A partir de estas palabras me quedé en blanco, mis oídos se negaron a escuchar, mis piernas temblaron.

CELIA: ¿Qué quieres decir, Ramón? No consigo creerte.

RAMÓN: *(Se sienta a su lado.)* Celia, los fascistas están en la Ciudad Universitaria. Os tenéis que marchar ya.

CELIA: Pero tú sabes el esfuerzo que nos ha supuesto este proyecto, las relaciones que lo han hecho posible, los estudios, los viajes. Es la escuela que necesitamos. Para el futuro, pero sobre todo para este presente. Es nuestra vida, la mía y la tuya, Ramón.

RAMÓN: Sí, Celia y estuve con vosotras en todo momento, pero ahora la prioridad es otra.

(Ramón toma del brazo a Celia, que se suelta inmediatamente.)

CELIA: ¿Y los niños? ¿Qué va a ser de sus ilusiones? ¿Cómo van a aprender que la vida es buena, digna de ser vivida? ¿Cómo vamos a sacarlos de aquí? ¿Dónde van a ir si la guerra lo abarca todo? ¿Qué va a ser de la escuela nueva, de la España nueva, de nosotras, de mí?

Ramón no me responde.

(Ramón se va.)

No hay respuesta para todas estas preguntas. Ya sé que no hay vuelta atrás. La escuela se cierra.

LA PÉRDIDA

La evacuación

Una mañana de finales de noviembre de 1936 fui a llevar a mis sobrinos a la escuela. Cuando iba a entrar, lo encontré todo muy extraño, había un camión, las maestras sacando cosas de la escuela y metiéndolas en el camión, mucho revuelo, y ni un solo niño.

PAQUITA: Esperad un momento aquí..., tranquilos, ahora vuelve la tía.

CELIA: ¡Paquita! ¿Qué haces aquí?

PAQUITA: Traigo a mis sobrinos a la escuela, como siempre.

ADELINA: Esto ya no es una escuela. Ahora es un cuartel.

PAQUITA: ¿¡Cómo!?

CELIA: Nos vamos a Valencia. Estamos preparando todo.

PAQUITA: Pero ¿y qué hago yo con mis sobrinos? Tengo que abrir la tienda.

ADELINA: Vete a la Consejería de Evacuación, tenéis que veniros a las colonias.

PAQUITA: Os dije que no y no he cambiado de idea.

CELIA: Hay que evacuar Madrid, son órdenes. Es peligroso quedarse.

PAQUITA: *(Derrotada.)* ¡No!

CELIA: Paquita, piensa en ellos, va a ser lo mejor.

PAQUITA: ¿Y si vuelve su padre?

(Se van Celia y Adelina.)

Nos fuimos rápidamente, sin mirar atrás. Si no era en esa escuela, sería en otra, pero mis sobrinos seguirían recibiendo clases.

PAQUITA: Hoy vais a venir a ayudar a vuestra tía a la tienda, como en el verano, ¿os acordáis?

(Dos milicianos la frenan.)

MILICIANO 1: Mujer, no se puede pasar.

PAQUITA: Perdone, tengo que llegar a mi tienda...

MILICIANO 2: Nadie puede cruzar el Puente de Toledo.

PAQUITA: Pero esa de ahí es mi tienda, tengo...

MILICIANO 1: ¡Venga, compañera! No nos lo pongas más difícil.

PAQUITA: Tengo que entrar.

MILICIANO 1: ¡Son órdenes!

(Paquita se queda mirando hacia su tienda y, derrotada, se sienta.)

A partir de ese momento, todo cambió. No pude volver a la tienda y entré en un taller para coser uniformes militares. Con eso fuimos tirando.

Durante varios meses llevé a los niños a la casa de un maestro de bastante edad que les daba clase gratis. Hasta que en el 37 el Ayuntamiento reabrió algunas escuelas y los pude escolarizar de nuevo.

Tuvimos suerte y pudimos sobrevivir a los bombardeos que sufrimos durante la guerra, pero no nos libramos de hacer largas colas y de las cartillas de racionamiento para conseguir pan, leche y otros alimentos básicos.

Conseguí ganarme la vida con la que iba a ser mi profesión a partir de entonces, costurera. Con el tiempo, cosí vestuario para actrices. Mientras lo hacía, soñaba con poder llevar algún día esos vestidos e interpretar personajes.

Creo que mis sobrinos fueron felices, a pesar de la ausencia de su padre, al que siempre tuvieron como un héroe, y con la esperanza de que algún día apareciera por sorpresa. Hicimos todo lo posible para saber de él, pero nadie nos daba respuestas, no era fácil. ¡Quién sabe si sus nietos podrán hacer algo para averiguar dónde está su cuerpo y qué pasó! Formaron sus propias familias, y rodeada de todos ellos morí ya anciana.

Cuando acabó la guerra, pude cruzar el Puente de Toledo y volví para recuperar la tienda que mis padres habían levantado con tanto esfuerzo. Pero ya no estaba, en su lugar, sólo había escombros.

El exilio

Las aulas del grupo escolar nunca se abrieron a las madres. Como reportera a pie de calle, pude comprobar, a lo largo de noviembre, que los fascistas se iban acercando al Manzanares y no me quedó otro remedio que aceptar que la capacitación de las mujeres, una vez más, había de esperar. Perdimos una oportunidad histórica y yo, además, perdí a una amiga. A las pocas semanas de mi discusión con Amalia, las escuelas cerraron. Fueron días muy duros, pero a mí las dificultades me impulsan. Ante el curso de los acontecimientos, a finales de abril de 1937, el Comité Nacional de la CNT se trasladó a Valencia. Siguiendo a este y al núcleo de las publicaciones libertarias, abandoné Madrid junto a mis compañeros más cercanos. En diciembre del mismo año, nuestra peregrinación continuó a Barcelona. Finalmente, en febrero del 39, como miles de españoles, tuvimos que pasar a Francia, con inmenso dolor, pero sin volver la vista atrás. Con mi maletita y con mi cuaderno.

Ayudé todo lo que mis fuerzas me permitieron dentro de Solidaridad Internacional Antifascista (SIA), organización fundada por los anarquistas para diferenciarnos del Socorro Rojo comunista. Trabajé sin descanso, antes y después de cruzar la frontera, en la evacuación y en la instalación de los expatriados, en tareas educativas y de propaganda... Apenas dormía, vivía en alerta permanente.

Mi vida de libertaria continuó en Toulouse, junto a miles de anarquistas españoles. Sobreviví gracias al afecto y el apoyo de los compañeros, y a colaboraciones en la prensa libertaria. Plasmar en este cuaderno mis vivencias y mis luchas me ayudó a soportar la tristeza y el desarraigo del exilio. *(Abrazando el cuaderno.)* Tal vez algún día le interese leerlo a alguien. Tal vez –lo más probable– es que acabe en un basurero. ¡Qué más da! A mí me consuela y me acompaña.

Los exiliados españoles vivíamos con la esperanza de que cayera el régimen de Franco, sobre todo después de la liberación de París. La esperanza se convirtió en frustración ante la pasividad interesada de los aliados. Mi larga vida aún alcanzo a ver el ingreso de España en la ONU el 14 de diciembre de 1955 y el abrazo de Franco y Eisenhower en el 59. Estos hechos certificaban la aceptación del régimen por las democracias occidentales y, con ello, la muerte de la esperanza. ¿Habían sido en vano todos nuestros sacrificios?

Nunca volví a saber de Amalia.

Cartas

CELIA: Querido Ramón:

Me alegraré si al recibo de esta te encuentras a salvo y bien de salud. He decidido escribirte, llevo tiempo pensando en ti, sin noticias desde que salimos de las colonias infantiles de Valencia. El equipo docente con el que colaboré en la Universidad Popular contaba con conocidos de la ILE, que me acogieron y facilitaron la salida de España. No pude pasar por Cartagena, tomada por los fascistas. Esa fue mi decisión y mi gran dolor, pues sabes que allí quedó mi maltratada familia.

RAMÓN: Querida Celia:

Te escribo esta carta sin saber si llegarás a leerla algún día, sin saber siquiera dónde enviártela, sin saber nada de ti. Supe por Adelina que decidiste seguir en las colonias y no regresar a Madrid. Me angustia pensar que no pudieras salir del puerto de Alicante, aunque quiero creer que lograras llegar a tiempo a tu querida Cartagena.

Aquí, después de lo de Casado, todo se vino abajo definitivamente. Quién nos lo iba a decir: los tuyos y los míos, socialistas y comunistas, a tiros por las calles de nuestra capital de la gloria. Solo puedo decirte que te escribo estas líneas de milagro, pues faltó poco para que los "nuestros" me entregaran atado de pies y manos a los fascistas.

CELIA: Tras el largo periplo que nos llevó a Séte, para embarcar en el Sinaia, con 1.600 personas a bordo, apenas he parado. Gracias al buen hacer de la tripulación, algún médico, obreros, campesinos, artistas, intelectuales, y cómo no maestros, fuimos pasando cada uno de los diecinueve días con sus noches, conociéndonos, manteniendo la ilusión contra el desasosiego del destino.

RAMÓN: Celia, no sabes cuántas veces he recordado nuestra despedida en aquel largo noviembre de Madrid. Llevabas razón: nunca debimos cerrar la escuela, nunca debimos separarnos. Aceptar que la guerra lo era todo, aplazar nuestros deseos, renunciar a tus canciones, fiar nuestra suerte a las armas, ese fue nuestro mayor error. Sí, Celia, debí escucharte, debí desobedecer la orden que te impuse. Pero ahora ya es demasiado tarde para lamentar lo que hice. Ahora ya es tarde para todos.

CELIA: Las lecturas y emisiones de radio sobre la actualidad nos daban confianza en la decisión que habíamos tomado. Conocer las costumbres, la política, la cultura de las personas que en Méjico nos ayudarían nos acercaba a ellas. El gobierno de Lázaro Cárdenas nos hizo llegar mensajes de tranquilidad y colaboración con la República. Y nosotros garantizamos nuestra responsabilidad, entrega y respeto a sus instituciones de acogida.

¡Cómo me hubiera gustado que me acompañaras en todo momento! Aquí está todo por hacer, desde el reagrupamiento familiar hasta encontrar trabajo y escuela; de momento, son jornadas de casi 24 horas. Tu experiencia y conocimientos serían tan necesarios...

RAMÓN: Ahora, mi única libertad es haber renunciado para siempre a mis conocimientos renegando de todas las experiencias que compartimos. Para no ser depurado, he decidido ocultar mi pasado cambiando mi identidad. Ramón ya no es maestro: ahora Ramón es zapatero.

CELIA: Ahora ya estoy en una escuela, vuelvo a aprender de los niños, atendiendo sus necesidades y manteniendo sus ilusiones.

¿Qué es de tu vida? ¿Será posible tu salida de España antes del cierre total de fronteras?

RAMÓN: Nunca volveré a nuestra querida y perdida escuela. Con esta nueva y silenciosa ocupación que me he procurado, además de mal ganarme la vida, podré quedarme en Madrid cumpliendo con la voluntad de mi padre, que murió sin ver a su único hijo varón heredando su oficio.

CELIA: Compañero, mi mayor deseo es que puedas leer ésta dándome motivos de esperanza. Y que tu respuesta sea una cadena de acercamientos en esta gran distancia.

RAMÓN: Celia, sabia compañera, siento que, si alguna

vez ésta llega a tus manos, mis palabras solo te expresen derrota y desesperanza. Solo es mi deseo que, sea cual sea la distancia que nos separe, conserves siempre intacto el recuerdo de nuestros días de alegría.

CELIA: Con todo mi cariño, Celia.

RAMÓN: Con toda mi admiración, Ramón.

La depuración

Me encontraba frente a dos hombres. El más bajo hacía preguntas a su compañero, pero sin mirarle, porque su mirada fija estaba puesta solamente en mí. Al otro, sin embargo, sólo le preocupaban los documentos, buscaba entre ellos algún dato, con torpeza, como de secretario improvisado.

FUNCIONARIO 1: ¿Nombre?

FUNCIONARIO 2: Adelina Castellanos Hernanz.

FUNCIONARIO 1: ¿Religiosidad?

FUNCIONARIO 2: Cumple.

FUNCIONARIO 1: ¿Moralidad?

FUNCIONARIO 2: Dudosa.

FUNCIONARIO 1: ¿Dudosa?

FUNCIONARIO 2: Sí, ha vivido sola…, amancebada desde hace unos años, sin hijos…

FUNCIONARIO 1: ¿Afiliada?

FUNCIONARIO 2: Afirmativo, a la FETE en 1934.

FUNCIONARIO 1: ¿Sanción?

FUNCIONARIO 2: Destitución

FUNCIONARIO 1: ¿Alguna observación?

FUNCIONARIO 2: Aparecen tres: que coloca a los párvulos por parejas mixtas, que se observa conducta reprobable y que, moralmente, hace labor dañosa.

FUNCIONARIO 1: Señorita Adelina, ¿sabe usted por qué está aquí?

ADELINA: Bueno... esta mañana, se personaron en mi casa dos oficiales, me entregaron esta notificación y me dijeron que viniera a la oficina técnico administrativa del Ministerio de Instrucción Pública.

FUNCIONARIO 1: Lea el informe en alto.

ADELINA: "Se acusa a Dña. Adelina Castellanos Hernanz de izquierdista por desempeñar su cargo como maestra nacional durante el dominio rojo. En el plazo..."

FUNCIONARIO 1: ¿Y esto no se lo aclara ya? Se le va a someter a un expediente de depuración.

ADELINA: ¿Expediente de depuración?

FUNCIONARIO 1: A partir de ahora se la destituye de su puesto de trabajo.

ADELINA: ¿Mi trabajo? Pero ¿yo qué he hecho?

FUNCIONARIO 1: ¿Que qué ha hecho? ¿Le parece poco haber tomado parte activa de un movimiento que profesa el ateísmo y el antipatriotismo? Pero se os ha acabado ya la fiesta, os vamos a echar a todos, vamos a limpiar España del virus republicano.

FUNCIONARIO 2: Acabamos de crear un comité de investigación para estudiar su caso. Ellos presentarán un pliego de cargos.

ADELINA: ¿Y yo... puedo presentar algún informe?

FUNCIONARIO 2: Cuando reciba el pliego, podrá presentar su escrito de descargos. La convocatoria para hacerlo saldrá un día de éstos en el boletín provincial. Mientras tanto, vaya entregando una declaración jurada. Se le permite un aval.

FUNCIONARIO 1: Bueno, ya está bien, ya se le ha informado. ¡Siguiente!

¿Una amenaza?, ¿yo?, pero ¿quién soy yo sino una simple maestra? Y sin la escuela ¿qué iba a ser de mí? Pero si mi vida es la escuela...

Le pedí a mi vecino, don Fermín Asenjo, que fuera mi aval. Él era simpatizante de las JONS. Desde que se quedó viudo compartíamos muchos paseos y conversaciones. Escribió:

FERMÍN: "Adelina Castellanos ha sido maestra en la escuela nacional, teniendo que asumir el ideario educativo del gobierno rojo, cuyos valores no compartía. Es incapaz de realizar acto alguno que fuera contra los ideales nacionales. Es una persona honrada y trabajadora, dispuesta a servir en la nueva España".

Aunque Fermín y yo sabíamos que aquellas palabras no eran ciertas, nunca nos dijimos nada. De todas maneras, su declaración no pudo competir con la de la comisión depuradora. El alcalde, el cura y un padre de familia alegaron:

ALCALDE: Deben tener cuidado con esa señora, lee prensa de izquierdas y una vez se le oyó decir que no tenía amor a la patria.

PÁRROCO: La vi arrojar el crucifijo y el catecismo.

PADRE: Sus prácticas eran intolerables, llevaba a mi hija a dar paseos por el río y le enseñaba cantos callejeros.

Estuve muy pendiente de la publicación diaria del boletín. Cuando por fin salió, pude presentar mi escrito de descargo. Pero de nada sirvió el relato de todas mis acciones pedagógicas que ahora sé, ingenua de mí, fueron justo las que sirvieron para declararme lo contrario. Cuántas veces imaginé cómo lo leerían...

FUNCIONARIO 2: Pliego de descargo de la acusada: Herida en mi reputación, lo más digno de estima, lo único que poseemos quienes provenimos de familia campesina, me digno a examinar los cargos acumulados en mi contra. Lágrimas en un principio...

Lágrimas en un principio, después indignación, sentí al ver que el calificativo hacia mi conducta se lo tachaba de "reprobable" y, añadido, "moralmente hace labor dañosa". No abrigo la pretensión de alcanzar el grado de perfectibilidad. Pero, puedo decir, afirmar y, si es menester jurar, que, en mi conducta moral, nada hay de reprobable ni de dañoso.

Retiré el crucifijo porque había que encalar las paredes, para que nuestras aulas se mantuvieran entre luces y rumores de aurora. Colgábamos en ellas imágenes para que nuestra vida fuera una obra de arte. Leía la prensa a diario a mis alumnos para que tuvieran conocimiento de los sucesos del mundo. Algunas veces incluso las leíamos en voz alta, en nuestros paseos, junto a los libros de los grandes poetas españoles o las coplas castellanas. Me afilié a FETE para poder acceder a los cursos de perfeccionamiento profesional, no con intenciones sindicales, sino por amor a mi labor.

También se dice que pongo a los parvulitos por parejas mixtas, criaturas inocentes en las que apenas asoman determinados instintos, pero en los que sí se aúnan la intrepidez y la dulzura.

El 30 de abril de 1941 la comisión D me declaró:

FUNCIONARIO 2: ¡Culpable de auxilio a la rebelión!

Y dictaminó mi traslado fuera de la provincia durante cinco años. Pero lo peor fue la sanción final:

FUNCIONARIO 1: ¡Separación definitiva del servicio y baja en el escalafón!

Me habían despojado de lo único en lo que creía.

Para poder mantenerme, me puse a trabajar en una mercería, aprendí incluso a coger los puntos a las medias. Pero, en cuanto tuve ocasión, reuní un grupo de niños, hijos de algunos vecinos y clientas de la tienda y empecé a darles clase en mi casa.

Durante muchos años, luché por la revisión de mi expediente. Tuvieron que pasar diecisiete años para que pudiera volver a las aulas. Me asignaron la Escuela Preparatoria del Instituto Femenino, una escuela conservadora, católica y patriótica, en la que jamás volví a sentir la esperanza y la alegría del 34.

Por no querer olvidar, el alzhéimer lo hizo por mí. Mi cuerpo fue enterrado en 1970 en el Cementerio Civil de Madrid, junto al de Pedro de Velasco.

La Quinta Columna

Tuve que asumir a duras penas que lo de buscar una vida mejor junto a mi familia en territorio nacional no iba a ser posible. Me envenenaba cada vez que pensaba en el desplante de mi mujer y su cabezonería negándose a abandonar Madrid, pero, para facilitar la convivencia, convertimos la cuestión en asunto tabú. Mariana continuó sus clases y yo intenté centrarme más en mi trabajo para olvidar el conflicto personal que vivía en el seno de mi familia. Pero yo me sentía cada vez más atrapado en mi propia casa, y echaba de menos tener algún interlocutor amigo con el que resarcirme.

Para contrarrestar toda esa frustración, decidí acercarme al bar en que fui citado aquella ocasión en que mi hermano me planteó la maniobra de vuelta a Sevilla.

(En una mesa dos hombres juegan a las cartas.)

HOMBRE 1: Y a ti, ¿qué te trae por aquí? ¿Cómo no estás en el frente?

HOMBRE 2: Eso, ¿no serás otro de esos "enchufaos" que tanto abundan?

HOMBRE 1: O peor aún, un facha "emboscao" de los que nos paquean por la noche.

MANUEL: Bueno..., he venido porque me han dicho que aquí se da café del bueno, en vez de achicoria.

HOMBRE 1: Puede ser.

HOMBRE 2: ¿A ti te gusta el café?

AURELIO: *(Entrando en la sala.)* Y cuanto más cargado, más le gusta. ¿Un mus? No os preocupéis, es de los nuestros.

Pronto comprendí que en aquel lugar podría expresarme con cierta seguridad. A los encuentros en el café, le siguieron las tertulias en el piso de uno de mis compañeros, Federico, y las escuchas de radio en aquel piso por la Glorieta de San Bernardo. Nuestro descontento con el gobierno de la República crecía cuando estábamos en grupo y de todas aquellas reuniones surgió la necesidad de pasar a la acción.

Estábamos convencidos de que, aún desde zona republicana, podríamos actuar en beneficio del avance de los nacionales hacia Madrid. Y así lo hicimos. Nos organizamos en grupos pequeños para esquivar la lupa de la policía y empezamos a llevar a cabo tareas de espionaje con el fin de pasar información a los nuestros y urdir campañas de desinformación para confundir a los rojos.

Tal llegó a ser nuestra influencia, que hasta el general Mola, en una entrevista, nos bautizó como "la quinta columna", por considerarnos un quinto pilar, decisivo en la lucha junto a las otras cuatro columnas que avanzaban hacia la capital.

Esos días estuve tan ocupado en sabotear a los rojos que apenas recuerdo haber cruzado palabra con Mariana.

(Aparece Mariana, que hace alguna tarea doméstica sin mirar a Manuel. Él sí la mira.)

Debí haberlo hecho. Debí haber hablado con ella. Haberla convencido de que lo más sensato era irnos a Sevilla. Debí haberla arrastrado, aunque fuera a la fuerza, para sacarla de Madrid. La habría salvado. Pero no lo hice.

El 18 de noviembre de 1936 una bomba acabó con su vida.

MANUEL: *(A Mariana, que no lo mira.)* ¿Lo ves? ¿Ves lo que conseguiste con tu terca insistencia en esos condenados proyectos escolares? ¿Qué nos trajo ese estúpido ideario republicano? ¿De qué sirvió quedarse en Madrid? No conseguiste nada. ¡Nada!

(Mariana se va.)

No pude llorar. Solo sentía rabia, rencor, odio. No sé cuántos días estuve perdido, sin saber qué hacer.
(Entra Aurelio.)

AURELIO: Manuel. (Silencio.) Manuel, el estado mayor reunido en Leganés ha decidido parar la ofensiva. Franco nos ha dejado vendidos. (Silencio.) Manuel, ¿me has escuchado? ¿Qué vas a hacer?

MANUEL: Voy a hacer lo que tendría que haber hecho hace meses.

Organicé clandestinamente mi desplazamiento, junto a mi hija, a Sevilla. Paula estaría mejor cerca de mi familia y yo, gracias a que había completado el bachillerato, pude ingresar en la academia de alféreces provisionales de la ciudad.

Con la muerte de Mariana, mi deseo de contribuir a la derrota de los rojos se había convertido en ansia. Y, aunque ya empezaba a hacerse popular en la calle el dicho "alférez provisional, cadáver efectivo", no tuve una mínima pizca de miedo o duda.

Así fue como llegué a formar parte del ejército nacional. No entré en combate, siempre estuve en tareas de intendencia, pero eso fue aliciente suficiente para mantenerme vivo en la lucha, de la que aún hoy siento un gran orgullo. Al fin, el 29 de marzo de 1939, las fuerzas nacionales entraron en Madrid. Franco había ganado la guerra y llegaron la celebración de la victoria, las condecoraciones y los reconocimientos.

Con la desmovilización, vino también mi premio. Como a otros tantos compañeros alféreces, me ofrecieron ser maestro en la nueva escuela nacional. Con la depuración de todos esos ilusos maestros republicanos, quedaron muchas vacantes en las aulas. La enseñanza nunca fue mi vocación, pero entendí que no había mejor forma de contribuir a la restauración del orden en España.

Acepté y me nombraron "maestro propietario" de una escuela en Madrid. Como maestro, pude educar a las nuevas generaciones en valores íntegros como lo son la autoridad, la jerarquía, el patriotismo y la religión católica, que tanta falta hacían.

En las aulas pude además librarme de los fantasmas que me acechaban cuando comprobaba, resignado, cómo en mi Paula, una moza ya, contestona y de carácter atolondrado y soñador, se vislumbraba aún el germen de la educación que recibió de su madre.

Contra eso no pude luchar. El día en que murió Mariana, de alguna manera, murió también la relación entre mi hija y yo. Paradojas de la vida, lo que conseguí hacer con muchos de mis alumnos en los años posteriores, no fui capaz de hacerlo en toda una vida con ella. Orgulloso de toda las demás victorias a lo largo de mi existencia, mi hija resultó ser mi única batalla perdida.

La cárcel

Entré en la cárcel de Ventas el 16 de junio de 1939. Cuando atravesé la galería y me encontré con esa gran cantidad de mujeres hacinadas, pálidas y con cara de hambre, no pude resistir el llanto. (*Entran las mujeres y se sientan en el suelo rodeando a Amalia.*)

Mi dolor era tan desgarrador que me quería morir allí mismo. No tuve mucho respiro: sentí un empujón en mi espalda y aterricé en una celda donde a duras penas me podía mover y por donde las ratas corrían a sus anchas.

Los primeros días estaba aterrada, sólo lloraba. No hablaba con nadie, no podía comer. La comida era asquerosa, estaba llena de bichos. Casi no me podía lavar ya que el agua estaba prácticamente ausente. Los wáteres también escaseaban, lo que nos obligaba a compartir el retrete en situaciones de urgencia. Yo me sentía sucia y notaba las liendres pegadas a mi cuerpo. Mi dignidad estaba por los suelos.

(*Se oyen disparos. Las mujeres se estremecen.*)

INÉS: Tranquila. Ya te acostumbrarás a oír estos sonidos. Son los sonidos de las ejecuciones. Hoy han ejecutado a cuarenta y cinco personas en las tapias del cementerio del Este, que lo tenemos muy cerca de la cárcel.

Primero se oye el ruido de las descargas y después el de los tiros de gracia. Se aseguran así de que nadie quede vivo.

(Las mujeres se levantan y cantan.)

> *Arriba, parias de la Tierra.*
> *En pie, famélica legión.*
> *Atruena la razón en marcha,*
> *es el fin de la opresión...*

Pasados unos días pude empezar a salir del estado de shock en el que me encontraba, gracias a otras compañeras que me ayudaron a hacer más llevadera mi estancia en la cárcel y a ir recuperando mi dignidad. En esos primeros días hablé mucho con Inés.

INÉS: ¿Por qué estás aquí, Amalia?

AMALIA: Me han hecho un expediente de depuración y un consejo de guerra. Se me juzga y condena por pertenecer a la checa anarquista del cine Europa. Esto es falso; sí que soy anarquista pero nunca he estado en una checa. Lo que realmente no me perdonan es que sea maestra ya que, según ellos, los maestros hemos incitado a la rebelión a los alumnos, inoculándoles el virus republicano.

INÉS: A mí me hubiera gustado ser maestra. Enseñar debe de ser lo más bonito del mundo. ¿Sabes una cosa? Aquí hay muchas presas que son maestras y que también han sido depuradas y condenadas. Están enseñando a leer y escribir a las mujeres analfabetas.

Poco a poco fui estableciendo lazos con esas maestras, entre las que se encontraban compañeras con las que había trabajado en los ateneos racionalistas. ¡Qué emoción sentí al encontrarme con mi amiga María Antonia! Con ella fue con quien estuve recorriendo algunos pueblos de España, apoyando el conocimiento de la gente trabajadora y de sus hijos. Me puso al día de cómo se habían organizado.

MARÍA ANTONIA: Se han formado grupos de primeras letras y de cultura general.

AMALIA: Yo quiero estar ahí.

MARÍA ANTONIA: Tienes que saber que tenemos muchas dificultades. La directora de la prisión no lo permite. Además, el material de estudio más elemental, como lápices y cuadernos, no hay forma de conseguirlo. A falta de libros, se dan las clases sobre apuntes y las cuartillas, una vez aprendidas las lecciones, se borran para volverlas a utilizar, hasta agotarlas.

AMALIA: Bueno, pero yo tengo que estar ahí.

Así empecé a dar clases en la cárcel de Ventas.

(Entran las mujeres, se sientan en el suelo y escriben sobre unos papeles.)

Para burlar la vigilancia de las funcionarias, las clases se daban en las celdas del fondo de las galerías y siempre vigilando una compañera para no ser sorprendidas. Poco a poco, estas mujeres iban consiguiendo escribir sus primeras palabras. Esto supuso para todas ellas una gran conquista de su dignidad.

JULIA: *(A Amalia.)* No sabes lo importante que es esto para mí. Yo, que nunca he ido a la escuela, ahora puedo escribir a mi familia cartas de mi puño y letra, hacer "mandaos", contarles mis penas, hablarles de mi salud y de todo lo que se me ocurra.

Estaba tan emocionada de participar en esta enseñanza que se me olvidó mi tristeza, mi angustia y hasta mi condena. A pesar de las dificultades que teníamos, nosotras seguíamos enseñando y con ello se aligeraba el clima de presión en el que nos encontrábamos.

Tras numerosas gestiones, conseguimos que la directora de la prisión, Carmen Castro, nos recibiera, siendo yo la portavoz en aquella entrevista.

AMALIA: Apelando a su sensibilidad como maestra y teniendo en cuenta la cantidad de mujeres analfabetas que hay en la prisión, le queremos pedir que nos permita utilizar la antigua sala de actos, algunas horas al día, para usarla como escuela.

CARMEN CASTRO: Lo pensaré, pero, si se concede, no se os proporcionará material alguno. Tendréis que conseguirlo por vuestros propios medios.

Así pues, sin libros de texto, sin mesas, sin pizarra y escribiendo penosamente sobre una tablita, todas aquellas mujeres luchaban por acceder a la cultura.

Dando clases tuve el placer y el honor de coincidir con la maestra Justa Freire que, siendo muy buena conocedora del folklore español, había organizado un coro donde cada una de las reclusas aportaba los cantos de su región.

(El grupo de mujeres canta.)

> *A los árboles altos los lleva el viento*
> *y a los enamorados, el pensamiento*
> *ay, vida mía, el pensamiento.*
> *Corazón que no quiera sufrir dolores,*
> *pasa la vida entera libre de amores,*
> *ay, vida mía, libre de amores*

El coro ayudaba a tejer lazos de solidaridad entre las reclusas.

(Las mujeres siguen cantando.)

> *Ay, linda amiga que no vuelvo a verte.*
> *Cuerpo garrido que me lleva a la muerte.*
> *No hay amor sin pena, pena sin dolor*
> *Ni dolor tan agudo como el del amor*

Todo esto que iba viviendo en la cárcel, con mis compañeras y con todas esas mujeres luchadoras, era lo que me mantenía con fuerza y esperanza de que un día no muy lejano podría ser libre. ¡Qué ilusa fui! En la madrugada del 24 de abril de 1941, se abrió con brusquedad la puerta de la celda donde dormíamos hacinadas quince mujeres. Sentí un escalofrío en la nuca cuando oí mi nombre.

CARCELERA: ¡Amalia Villar García!

Todo había terminado. Me despedí de mis compañeras con un gran abrazo y, como una sola voz, gritamos ¡LIBERTAD!

El maestro

Cuando terminó la guerra, fui a matricularme en la escuela normal de San Bernardo para hacer magisterio y descubrí que el nuevo régimen no reconocía el bachillerato acelerado que había cursado en Valencia con la República. Si quería ser maestro, tenía que volver a empezar. Todo el sacrificio de mis padres al mandarme a Valencia y mi gran esfuerzo en el Instituto Obrero, no sirvieron para nada. Dos años perdidos.

Me negué a repetir los estudios que ya había superado y, aunque mi madre me animó a hacerlo y no mirar atrás, me llené de amargura mientras maldecía mi suerte en silencio. Fueron años duros en los que la única salida era pasar desapercibido y la meta, sobrevivir y tener un trozo de pan que llevarse a la boca. Mi amor por la educación se transformó en un rechazo visceral, al ver lo que el régimen franquista estaba haciendo a la escuela que yo había conocido.

Estuve varios años trabajando en lo que pude y, hasta bien entrados los años 40, no volví a contactar con el mundo de los libros. En esa época trabajaba con los albañiles y coincidí con Eusebio, hombre ya maduro que, en los descansos para el almuerzo, buscaba un lugar tranquilo para poder leer un rato antes de volver al tajo. Le pedí prestado algún libro y así, día a día, comencé a leer pasajes del Quijote y, a hurtadillas, algún que otro poema de Lorca, de Rosa Chacel, de León Felipe y de otras autoras y autores prohibidos. Así, conocí a Concha, una mujer que venía de vez en cuando a la obra a traerle la tartera a su hermano.

(Víctor comienza a leer un libro.)

CONCHA: ¿Qué haces?

VÍCTOR: *(Lee en voz alta.)*

> *Tristes guerras, si no es amor la empresa*
> *Tristes, tristes.*
>
> *Tristes armas, si no son las palabras*
> *Tristes, tristes.*
>
> *Tristes hombres, si no mueren de amores*
> *Tristes, tristes.*

VÍCTOR: Leo poesía de Miguel Hernández. ¿Lo conoces? *(Concha niega con la cabeza.)* Te lo puedo prestar.

CONCHA: No soy de leer yo.

VÍCTOR: Toma, llévatelo. Te va a gustar.

CONCHA: Es que no me sé todas las letras…

VÍCTOR: ¿No sabes leer?

CONCHA: ¿Pa' qué?

VÍCTOR: ¿Cómo que pa' qué? Siéntate aquí, mujer, vamos a ver qué letras conoces.

(Concha coge el libro y lo empieza a mirar.)

Empecé a enseñar a Concha a leer y a escribir. Nos juntábamos los domingos en la parroquia de mi barrio. Al poco tiempo, se nos unió su hermano, que también quería aprender.

Y después, el boca a boca fue trayendo a más gente.

(Van entrando y sentándose hombres y mujeres, con libros o cuadernos.)

Finalmente, decidí volver a estudiar. Me matriculé en el Instituto San Isidro, en el nocturno. ¡Qué paradoja! Por el día trabajaba, los domingos enseñaba a leer a otras personas y, por las noches, me sacaba el bachillerato en el mismo lugar donde, en noviembre del 36, me sentí maestro por primera vez.

En dos años terminé el Bachillerato y en tres más conseguí mi título de maestro. En 1954, gracias a mi expediente académico, me dieron plaza en Villaverde.

En mi primer día como maestro, me reencontré con

el Víctor que, un día de 1933, entró por primera vez en una escuela. Evoqué el olor a nuevo, la luz que entraba por las enormes ventanas y las galerías tan amplias y tan limpias.

Ejercí como maestro hasta mi jubilación en 1993 y fallecí siete años después. No sé si fui el mejor de los maestros, pero lo que sí puedo asegurar es que, cada día, traté de trasmitir a mis alumnos lo que mis maestras me habían inculcado: el respeto a los demás, la igualdad entre hombres y mujeres, el asombro al descubrir las grandes y pequeñas maravillas que nos rodean cada día, y la convicción de que toda persona debe ser libre para expresar sus ideas, sin miedo a ser castigada por ello.

PERSONAJES
DE *LA ESCUELA PERDIDA*

ADELINA CASTELLANOS ASENJO

Es Adelina por Adelina Muñoz, Agustina Rodríguez y Antonia de la Torre, maestras rurales de los años 30. A todas ellas debo el nombre de *"Casa Escuela"* cuando buscaba un término que definiera el trabajo realizado en mi querida escuela unitaria de Garganta de los Montes.

Es Castellanos por Enriqueta Castellanos, Pablo de Andrés Cobos, Luisa Riera y María Sánchez Arbós. Maestras comprometidas con el ideal republicano, intelectuales, cultas e independientes, luchadoras en sus procesos de depuración y sometidas al olvido. Pero están vivas gracias a maestros como Federico Martín Nebras, misionero pedagógico de este siglo.

Y es Asenjo porque en mí está ese apellido, herencia campesina segoviana, sencilla y valiente, capaces de montar una mercería en la capital.

Todas las Adelinas Castellanos dignificaron la escuela rural, elevándola al lugar que se merecía hasta convertirla en uno de los focos más importantes de innovación educativa.

EVA AGUADO

LUCÍA ROBLES

Mi personaje está inspirado en la poeta, periodista, anarquista y luchadora por la emancipación de las mujeres Lucía Sánchez Saornil. Desconocida hasta hace muy poco, sacarla a la luz ha sido uno de mis propósitos.

En mayo de 1936 fundó la agrupación y la revista "Mujeres Libres", junto a Mercedes Comaposada y Amparo Poch, de la que llegaron a publicar trece números. El artículo 1 de los Estatutos de la Federación Nacional de "Mujeres Libres" establece como objetivos: "a) Crear una fuerza femenina consciente y responsable que actúe como vanguardia del progreso. b) Establecer a este efecto escuelas, Institutos, ciclos de conferencias, cursillos especiales, etc., tendentes a capacitar a la mujer y a emanciparla de la triple esclavitud a que ha estado y sigue estando sometida: esclavitud de ignorancia, esclavitud de mujer y esclavitud de productora."

A principios de 1939, Lucía Sánchez Saornil tuvo que marchar a Francia y se implicó a fondo en la ayuda a los españoles obligados a cruzar la frontera.

Mi personaje representa a los exiliados que, desde Toulouse y otros muchos lugares, vivieron con la esperanza de que cayera el régimen franquista. La mayoría murió sin ver el final del túnel.

MERCEDES BENITO

MANUEL FERNÁNDEZ

El personaje de Manuel surge de la improvisación en unos ejercicios teatrales en la primera fase del proyecto de creación de la obra. Aparece como contrapunto a todos esos personajes nobles en los que mis compañeras se han inspirado, en la búsqueda de retratar a un hombre machista y tradicional, víctima de una educación rancia, al margen de debates políticos.

En la tarea de encontrar para el personaje un espacio y un vínculo con la historia, surgió la idea de introducir a la "quinta columna" y contar a través de él ese movimiento, que yo mismo desconocía. A partir de aquí, empecé a documentarme y a leer varios relatos sobre éste que me ayudaron a entenderlo y me inspiraron para escribir un conflicto en el que presento a un hombre atormentando, obnubilado en su objetivo, en última instancia, alentado por un odio irracional que poco tenía que ver con ideales y banderas.

MANUEL CHICA

RAMÓN HERNANDO

La república habilitó un procedimiento para que accedieran a la Inspección maestros con experiencia. Ramón fue uno de estos maestros-inspectores incorporados a la inspección por esta vía.

Se necesitaban inspectores e inspectoras, afines al nuevo ideario educativo y cercanos al magisterio que debía practicarlo en las aulas para hacer posible la reforma pretendida por la república. Ramón asumirá este papel con entusiasmo, especialmente, tras el triunfo del frente popular en febrero del 36.

La cercanía de Ramón al grupo de maestras que habían sido sus compañeras no obedecía solo a motivos ideológicos: Ramón esperaba de una de ellas, Celia, una cercanía mayor. La relación entre ambos personajes, tratada con humor en el primer acto, con dramatismo en el segundo y con tierna amargura en el tercero, será uno de los hilos conductores de la obra,

En Ramón se personaliza el conflicto central de *La escuela perdida*: la evacuación de la población infantil madrileña y sus maestras en noviembre de 1936. Un desgarrador conflicto que atravesará al personaje situándole en una difícil encrucijada entre la obediencia debida y la lealtad a las maestras.

Finalmente, Ramón encarnará una faceta del exilio menos tratada pero igualmente dolorosa: el exilio interior, clandestino, silencioso.

CARLOS DÍEZ

AMALIA VILLAR

La inspiración para mi personaje vino del estudio del Movimiento libertario y sus planteamientos sobre educación, que consideraba que *el papel fundamental del educador tenía que ser el de ayudar a cada cual a descubrir sus intereses y preferencias y potenciar sus posibilidades.*

Siguiendo los pasos de la Escuela Moderna de Ferrer i Guardia, me adentré en el conocimiento de las escuelas y ateneos racionalistas, cuyo objetivo esencial era *educar a la clase trabajadora de una manera racionalista, secular y no coercitiva.*

Esta búsqueda me llevó a Antonia Maymón, escritora, activista y pedagoga, cuya formación como maestra siguió los principios de la Escuela Racionalista. Participó en la fundación de la FAI (Federación Anarquista Ibérica) y enseñó a los niños de las escuelas y a los adultos afiliados a sindicatos.

El personaje de *Amalia en la cárcel* está inspirado en testimonios de mujeres que estuvieron en las cárceles franquistas. La capacidad que tuvieron para organizarse les permitió hacer frente al hacinamiento y a la represión tan brutal a la que se las sometió. Además, muchas de ellas, que no sabían leer ni escribir, pudieron adquirir una formación básica al participar en los grupos de enseñanza que se formaron con maestras que estaban en la prisión, como Justa Freire, María Sánchez Arbós, Rafaela González Quesada, Antonia Maymón...

SACRI GARCÍA-RAYO

VICTOR GIMÉNEZ

En mi caso, no tenía nada claro cuál sería mi personaje, hasta que Mercedes me dijo que me veía como un niño y ese fue el punto de inflexión, ya que me pareció un reto interesante.

Desde ese momento, leí y me documenté todo lo que pude sobre el periodo comprendido entre 1931-1950, para encontrar los mimbres que me permitieran urdir un "niño de la guerra" veraz. Casualmente conocía a Raúl Morales, niño evacuado a Rusia de la que no volvió hasta 1956; me recomendó leer "Dos patrias" y "Pisaré sus calles nuevamente", Ed GPS, de Pablo Fernández-Miranda, que recogen las experiencias de muchos de estos niños que crecieron en tierra extraña. También un amigo, pequeño editor, me había regalado un libro de Carmen Abenza, "Niños en la guerra" de Triple Editorial, que me ayudó mucho a ponerme en la piel de Víctor, al menos en los primeros borradores. Y para el tiempo de posguerra, releí "Paracuellos", de Carlos Giménez, que nos muestra una visión descarnada de la época desde un punto de vista infantil.

Por último, quise hacer un pequeño homenaje a Eusebio Navarro (abuelo de mi mujer) que, sin saberlo, debió ser precursor de uno de los primeros clubes de lectura.

JUAN JESÚS GUERRERO

PAQUITA CALLEJO

Una historia familiar inspiró mi personaje: la que me contó mi padre y que fue posteriormente escrita a mano por él mismo, a petición mía, en un cuaderno para que no se perdiera. En él, entre otras cosas, relataba cómo, en 1936, y por su proximidad al frente de guerra, tuvo que salir corriendo, con solo 4 años, junto con su abuela, sus padres y sus tres hermanos, dejando la tienda de ultramarinos que regentaba mi abuelo, y su vivienda en la planta de arriba, del madrileño barrio de Carabanchel, agarrados de la mano por el Puente de Toledo. Cuando volvieron, terminada la guerra, la tienda y su vivienda no existían, eran escombros.

Para vincularla con el tema de la obra, conferí a Paquita el deseo de ser actriz y su ilusión por llevar el cine educativo a la escuela de sus sobrinos. Consulté diversas publicaciones sobre ese particular, en especial "Madrid y el cine. Panorama filmográfico de cien años de "historia." Y "Teoría" y práctica del cine educativo en España (1895-1923)".

MARÍA JOSÉ LÓPEZ

CELIA GALINDO

El personaje de Celia está creado a partir de las lecturas que compartimos durante los primeros meses del periodo creativo colectivo de la obra.

Basadas en revistas, documentos gráficos y escritos, diarios, boletines oficiales de la época; así como libros sobre la vida y acción de Ángel Llorca, Justa Freire y Estrella Cortich, ayudaron a poner vida y obra, contextualizar, dar crédito a la inmersión en la situación social, ideológica y pedagógica de los años en que transcurre nuestra obra.

Fundido, gracias a las conversaciones familiares, con la biografía de mi familia materna, que vivió durante esos años emocionantes, duros y convulsos en aquella Cartagena.

Para poner la Música en el centro de la acción pedagógica: la lectura y cancionero sobre la ILE, y experiencias de mis primeros años (80, 81, 82) como maestra en las escuelas rurales de Córdoba, mi primer destino.

Un viaje en el tiempo que surge de estas raíces y recoge, como semillas, las ilusiones y pérdidas de la escuela de la coeducación, laicidad, de la acción solidaria y colectiva integral.

VICTORIA MARTINEZ

FOTOGRAFÍAS

El cine va a a la escuela

Las Misiones Pedagógicas

Nuestra Natacha

"Han pasado los aviones"

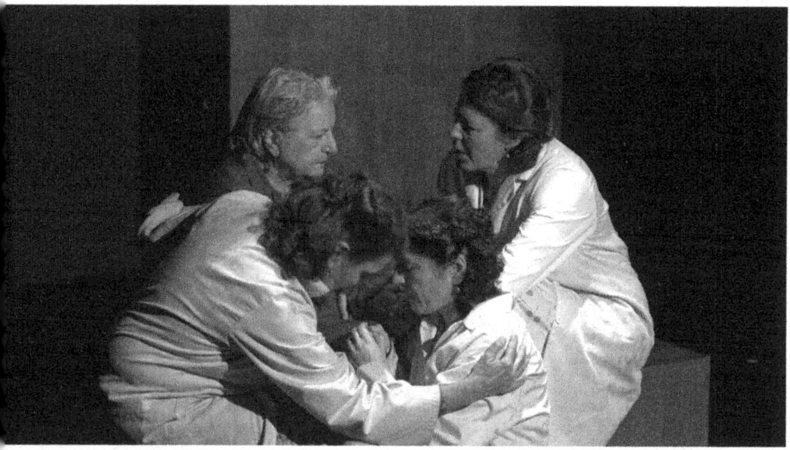

Cárcel de mujeres

El maestro

En el camerino

Saludo final

Este libro
se terminó de imprimir
en Madrid, en septiembre del 2024.

El mismo mes en el que, en Portbou hace ochenta y cuatro años,
Walter Benjamin decide escribir las últimas palabras
tras su desesperada huida de la barbarie.

"Es una tarea más ardua honrar la memoria
de los seres anónimos que la de las personas célebres.
La construcción histórica se consagra a la memoria
de los que no tienen

n

o

m

b

r

e

"